Walter Repges
Nach Spanien reisen, um Gott zu finden

W0180382

WALTER REPGES

Nach Spanien reisen, um Gott zu finden

Auf den Spuren der Mystiker

VERLAG JOSEF KNECHT · FRANKFURT AM MAIN

Die Deutsche Bibliothek – CIP-Einheitsaufnahme

Repges, Walter:
Nach Spanien reisen, um Gott zu finden : auf den Spuren der
Mystiker / Walter Repges. – 1. Aufl. – Frankfurt am Main :
Knecht, 1996
ISBN 3-7820-0747-6

1. Auflage 1996. Alle Rechte vorbehalten.
Printed in Germany.
© 1996 by Verlag Josef Knecht-Carolus-
Druckerei GmbH, Frankfurt am Main.
Umschlaggestaltung: Atelier Warminski,
Büdingen, unter Verwendung eines Fotos
des Spanischen Fremdenverkehrsamts Frankfurt am Main
Satz: Fotosatz Otto Gutfreund GmbH, Darmstadt
Druck und Bindung: Druckerei Wagner GmbH, Nördlingen
(∞) Gedruckt auf alterungsbeständigem Papier
ISBN 3-7820-0747-6

Für Carla

Inhalt

Zum Geleit 9

IGNATIUS 17
   Loyola 29
   Montserrat 38
   Manresa 48

TERESA 57
   Avila 66
   Medina del Campo 91
   Alba de Tormes 113

JOHANNES VOM KREUZ 117
   Toledo 134
   Granada 157
   Ubeda 171

Anmerkungen 178

Anhang 187

S. Cugat des Vallés, Barcelona, Kreuzgang

Zum Geleit

Das Christentum ist eine Offenbarungsreligion. Der Gott, an den die Christen glauben, ist keine Naturgewalt, keine Märchengestalt, keine Gedankenkonstruktion. Er ist auch nicht ein jenseits der Sterne ungerührt thronendes numinoses Etwas. Er ist vielmehr einer, der sich von sich aus den Menschen gezeigt hat. Er hat sich sehen lassen. Er hat seine Stimme vernehmen lassen. Er hat Menschen schaudernd und zugleich beseligt hören lassen, daß da einer sprach: Ich bin der Ich-bin-da.

Gott hat sich dem Abraham geoffenbart, dem Mose, den Propheten. Er hat sich geoffenbart in Jesus, dem Mann aus Nazaret, von dem Klaus Berger schreibt: »In ihm ist alle Offenbarung gesammelt.«[1] Und auch nach dem Tode und der Auferstehung Jesu fuhr Gott fort, sich zu offenbaren. Er offenbarte sich dem Paulus, so daß dieser bebend und zitternd zu Boden stürzte und zugleich sich in den dritten Himmel entrückt glaubte. Er offenbarte sich dem Augustinus, der bekannte: »vidi... et contremui amore et horrore – ich schaute... und ich erschauderte in Liebe und Erschrecken.« (VII 10,16)[2] Und er offenbarte sich denen, die wir Mystiker nennen, weil sie ihm, dem Geheimnis aller Geheimnisse, dem Mysterium schlechthin, begegnet sind.

Er tat es nicht, um dem einen Wort noch viele Wörter hinzuzufügen. Er tat es, damit wir immer neu jemanden hätten, von dem wir uns an die Hand nehmen lassen und zu ihm hinführen lassen könnten. Er tat es, weil einer, wenn er ungewiß und verzagt wird, den anderen braucht, damit dieser ihm Gottes Wort sage[3].

Und wer ist ein Mystiker, so daß wir uns an ihn halten könnten?

Johannes vom Kreuz nennt alle die, zu denen Gott gesprochen hat, Mystiker, auch die Propheten des Alten Bundes, auch die Jungfrau Maria. Eugen Biser hat keine Bedenken, in seinem Paulus-Buch auch diesen als Mystiker zu bezeichnen[4]. Josef Sudbrack weist zwar darauf hin, daß es keinen allgemein akzeptierten Begriff von »Mystik« gibt[5]. Er nennt aber als »klassische Definition« die »Erfahrungserkenntnis von Gott«[6] bzw. das »Erfahrungswissen von Gott«[7]. Ähnlich lautet die Definition von Mystik in dem von Karl Rahner und Herbert Vorgrimler herausgegebenen Kleinen Theologischen Wörterbuch[8]: »Mystik besagt... Begegnung eines Menschen mit der ihn und alles Seiende begründenden göttlichen Unendlichkeit«.

Beide Definitionen – die von Sudbrack und die von Rahner/Vorgrimler – lassen bewußt Raum dafür, das Vorhandensein von mystischen Erfahrungen auch in anderen Religionen als der jüdisch-christlichen anzuerkennen und darüber hinaus in der Mystik überhaupt den Quellgrund jeder Religion zu sehen.[9]

Mystiker ist mithin der, der Gott erfährt, und er erfährt Gott, weil Gott sich ihm mitteilt. Bei einigen – vielleicht auch bei vielen – kommt noch hinzu, daß sie sich gedrängt fühlen, diese Mitteilung weiterzugeben. »Ein Zwang liegt auf mir«, schreibt Paulus den Korinthern (1 Kor 9,16) und fährt fort: »Weh mir, wenn ich die mir zuteil gewordene Frohbotschaft nicht weitersage.«

Jeder tut es auf seine Weise – wissend, daß das, was er vernommen hat, »unsagbare Worte sind, die ein Mensch nicht aussprechen kann« (2 Kor 12,4), und dennoch nicht schweigen könnend von dem, was er gehört und gesehen hat (vgl. Apg 4,20).

Woher aber wissen wir, ja woher wissen die Mystiker selbst, daß das, was sie erfahren haben, und das, was sie stammelnd und stotternd und um Worte ringend weitersagen, der Wahrheit entspricht? Daß sie nicht Opfer ihrer eigenen blühenden Phantasie sind? Daß nicht alles nur Träume, Einbildungen, Projektionen sind? Oder gar Einflüsterungen böser Geister?

Von Ignatius schreibt Paul Imhof: »Er hat existentiell erlebt, was er berichtet, und zugleich ist seine Verkündigung rückgebunden an die allgemeine Offenbarungs- und Heilsgeschichte Gottes mit den Menschen des Alten und Neuen Bundes.«[10] Teresa von Avila war eifrig bedacht, ihre Erfahrungen von der kirchlichen Autorität überprüfen und gutheißen zu lassen, von ihren Beichtvätern und von den Inquisitionsbehörden. Und Johannes vom Kreuz erklärt ebenso einfach wie einleuchtend: Wahr kann nur das sein, was in Übereinstimmung steht mit dem, was auch andere erfahren haben. Und falsch ist das, was den Erfahrungen der anderen widerspricht. Konkret bedeutete das für ihn: Kriterium für die Echtheit seiner Erfahrungen ist die Übereinstimmung mit der Heiligen Schrift (»unter deren Führung wir nicht irren können«, S Prólogo 2)[11], mit der Lehre der Kirche und vor allem mit dem Leben und den Worten dessen, der selbst wieder Maßstab sowohl für das Verständnis der Heiligen Schrift als auch für die Lehre der Kirche ist: Jesus Christus. Wörtlich schreibt er: »Immer muß man festhalten an dem, was Christus uns lehrte; alles übrige ist nichts, man darf nur glauben, was mit seiner Lehre übereinstimmt.« (S II 22,8). Und war nicht auch Paulus zu den Alt-Aposteln gegangen, um sich von ihnen die Richtigkeit seiner mystischen Erfahrungen bestätigen zu lassen? (vgl. Gal 1,18 u. 2,2)

Die Mystiker, deren Worte hier zu Gehör gebracht werden sollen, sind Ignatius von Loyola, Teresa von Avila und

Johannes vom Kreuz: Spanier des 16. Jahrhunderts, des Jahrhunderts der Reformation, der Renaissance und des Humanismus, des Beginns eines »neuen Denkens«[12], eines Denkens, das an das Grundanliegen Martin Luthers anknüpft: Quid ad me – was bedeutet das für mich, für meine Existenz? Ignatius fordert in seinem Exerzitienbuch den einzelnen auf, sich auf »sich« zurückzuziehen und das zu erbitten, was »ich« will. Teresa schildert den Weg ins eigene Innere. Johannes vom Kreuz verrät sein »neues Denken« schon in einem seiner ersten Gedichte, nämlich der Nachdichtung des 137. Psalms. Wo der alttestamentliche Beter sagte: »An den Füßen Babylons saßen ›wir‹ und weinten«, da schreibt er: »An den Flüssen Babylons, dort saß ›ich‹ und weinte.«

Wir sind wie Luther. Wir sind wie diese drei. Wir fragen: Und ich? Wer gibt mir Antwort? Wer hilft mir in meiner Verzweiflung, die nur meine ist?

Dieses Buch will in Spanien den Spuren dieser drei Gotteszeugen nachgehen. Es will helfen, dort, wo sie selbst es erfahren haben, das Wort zu vernehmen, das sie uns als Gottes Wort verkündet haben.

Nicht ohne Grund wird dabei Ignatius als erster vorgestellt. Zunächst – natürlich – weil er von diesen dreien der zuerst Geborene ist. Sodann aber, weil er uns vorangegangen ist in dem Wunsch, den Spuren eines nachzugehen, den Gott erwählt hat, um sich den Menschen mitzuteilen. Dabei zeigt gerade Ignatius uns ein Dreifaches:

Erstens: Es war ein anderer, der ihm sagte, in diesem Mann aus Nazaret habe Gott selbst zu uns gesprochen, und der ihm riet, in das Land Jesu zu pilgern. (Es war Ludolf von Sachsen, dessen Vita Christi Ignatius auf seinem Krankenlager zu lesen bekam.)

Zweitens: Ignatius blieb nicht dabei stehen. Er wollte zwar in Jerusalem bis an sein Lebensende verweilen, aber es wurde ihm verwehrt. Und als er ein zweites Mal nach Jerusalem reisen wollte, fand er kein Schiff.

Drittens: Ignatius fand aber gerade das, was die konkrete Begegnung mit all dem, was an Jesu Leben und Wirken erinnerte, bringen sollte. Er fand auch das richtige Wort dafür: Trost. Nicht Vertröstung auf ein Jenseits, sondern Trost schon jetzt. Und genau das wollte er auch den Menschen bringen, denen er die Frohbotschaft von Gott weitersagte. Er hat sogar ausdrücklich betont, eben das sei ein Zeichen dafür, daß man Gott begegnet sei und nicht irgendeinem bösen Geist: daß man Trost erfahre, ja, wahre Fröhlichkeit und geistliche Freude.

Dieses Buch will dazu einladen, ebenso zu handeln, wie es Ignatius tat.

Man berichtet uns von Menschen in Spanien, denen Gott sich zu erkennen gegeben hat und die uns dies weitergesagt haben: Ignatius, Teresa, Johannes vom Kreuz.

Wir machen uns auf, die Stätten zu besuchen, die uns von dem Leben dieser drei Gotteszeugen erzählen.

Bei Ignatius ist dieses
Loyola, wo er aus adeligem Geschlecht geboren wurde
 (als dreizehntes Kind einer frommen Mutter und eines
 weniger frommen Vaters),
das Kloster Montserrat, wo er seine Ritterkleidung gegen eine Pilgerkutte vertauschte,
und schließlich Manresa, wo Gott selber zu ihm sprach, so
 daß er nicht mehr zweifeln konnte, in ihm dem Urgrund
 allen Seins begegnet zu sein.

Bei Teresa ist dieses
Avila: Dort wurde sie geboren, dort wurde sie Nonne, dort
 gründete sie ein neues Kloster, um ihren Orden und mit
 dem Orden letztlich die ganze Kirche zu reformieren.

Es ist MEDINA DEL CAMPO, wo sie den Anfang damit machte, ganz Spanien mit reformierten Klöstern zu überziehen.

Es ist ALBA DE TORMES, wo – in einem der von ihr neu gegründeten Klöster – sie der Tod ereilte und wo ihr Grab sich befindet.

Bei Johannes vom Kreuz ist dieses

TOLEDO, wo er mehr als acht Monate unter erniedrigenden Umständen gefangengehalten wurde, und zwar von den Ordensbrüdern, die sich der von ihm gemeinsam mit Teresa gewollten Reform widersetzten, und wo er – in eben diesem seinem im wörtlichen Sinne dunklen, weil fensterlosen Kerker, der auch sein Gemüt verdunkelte, – von Gott heimgesucht wurde und begann, in Liedern von betörender Schönheit von dieser seiner Gottbegegnung Zeugnis abzulegen.

Es ist GRANADA, wo er die Schönheit der Stadt und der sie umgebenden Landschaft erfuhr und sich so daran erinnern ließ, daß Gott noch viel schöner ist.

Es ist UBEDA, wo er verlassen starb und so, wie er vorher zum Patron der Dichter wurde (die Spanier haben ihn tatsächlich dazu erkoren), zum Patron der Verlassenen und in diesem Leben zu kurz Gekommenen wurde.

Aber ebensowenig wie Ignatius nicht in dem Lande Jesu bleiben konnte, wollen auch diese drei uns mehr vermitteln als die Steine, die die Erinnerung an die Vergangenheit bewahren. Sie wollen uns dem begegnen lassen, dem auch sie begegnet sind. Und der ist ewig und darum immer aktuell, immer noch nie dagewesen und immer noch etwas zu sagen habend. Ist er doch genau der, den gerade wir suchen – »der allzeit Gesuchte«, wie der Kirchenvater Gregor von Nyssa ihn nennt. Will er doch durch die, denen er sich geoffenbart hat, auch zu uns sprechen.

Und was will er uns sagen? Welchen Namen will er uns, ja, uns offenbaren? Wie lautet die Antwort auf unsere Hoffnungen, Sehnsüchte, bangen Erwartungen?

Wie wir auch das in Worte fassen, was er uns zu sagen hat, wie wir ihn auch nennen, wie wir auch die Antwort formulieren, die er uns gibt: Jedes Wort verhüllt mehr, als es enthüllt, jeder seiner Namen droht vergessen zu machen, daß er noch tausend andere Namen hat, jede Antwort läßt uns auf weitere Antworten warten.

Alle meinen dasselbe und sagen es doch anders. Für Ignatius ist er Trost und Ermutigung, für Teresa der, der auch inmitten der Kochtöpfe da ist, für Johannes Musik, die lautlos ist – wie Sphärenklänge.

Paulus hat das zu Sagende in die Worte gekleidet: »Der Gott und Vater Jesu Christi ist der Gott allen Trostes, der uns tröstet in all unserer Not.« (2 Kor 1,3f.)

Blick auf das heutige Loyola. Wo Ignatius 1491 geboren wurde, sieht man heute statt einer alten Burg vor allem ein großes Gebäude, das gleichzeitig Exerzitienhaus, Kongreßzentrum und Bibliothek ist, sowie eine von einer mächtigen Kuppel gekrönte Basilika aus der Zeit des Barock.

Ignatius

Ignatius von Loyola, 1491–1556.
(Gemälde von Jacopino del Conte)

In Loyola, einer Adelsburg bei Azpeitia im Baskenland, begann das Leben des Ignatius, wahrscheinlich im Jahre 1491: ein Jahr bevor Granada erobert wurde, ein Jahr bevor Amerika entdeckt wurde und damit für Spanien ein Zeitalter noch größerer Eroberungen begann, als es die Rückeroberung der Iberischen Halbinsel bedeutet hatte. Iñigo – so lautet sein ursprünglicher Name – war das jüngste von dreizehn Geschwistern. Als Kind verlor er seine Mutter, als sechzehnjähriger Junge seinen Vater. Kurz nach dem Tod des Vaters zog er in die Ferne, nach Arévalo in Kastilien, auf den Herrensitz eines entfernten Verwandten, der Großschatzmeister und darüber hinaus Freund und Vertrauter des Königs war. Zehn Jahre blieb er dort: in einer Welt prunkvollen Reichtums, glänzender Feste, höfischer Manieren. Mehrmals war der König da. Mehrmals diente Iñigo ihm als Page, auch außerhalb von Arévalo. Kämpfe, Turniere, Träume von Ruhm und Glanz und Ehre füllten diese Jahre aus. Valer más – mehr gelten: darum ging es.

Sein väterlicher Freund und Gönner starb. Iñigo zog weg von Arévalo. Er trat in die Dienste des Herzogs von Nájera, der zugleich Vizekönig von Navarra war. Das war im Jahr von Luthers Thesenanschlag in Wittenberg, 1517. Mehr als drei Jahre führte er ein angenehmes Leben – bis die Franzosen kamen.

Bei der Verteidigung von Pamplona, der Hauptstadt Navarras, wird Iñigo verwundet. Er wird notdürftig behandelt und nach einigen Wochen auf einer Liege nach Loyola transportiert, wo Bruder und Schwägerin ihn betreuen. Von neuem nehmen ihn Chirurgen sich vor: ein Knochenvorsprung wird ohne Betäubung abgesägt. Eine Schlächterei nennt er es selbst. Viele Monate dauert die Rekonvaleszenz.

Um die Zeit totzuschlagen, will er lesen, Ritterromane vor allem. Man gibt ihm, was er nicht verlangt hat: das Leben Jesu des Kartäusers Ludolf von Sachsen und ein Buch mit Heiligenlegenden. Das Leben des inzwischen Dreißigjährigen wird verwandelt. Ihn quält die Frage, was er nach seiner Genesung tun solle. Die Antwort, die er sich gibt: wie die Heiligen, von denen er gelesen hat, nur noch Kräuter essen, ein Leben der Buße und Abtötung führen und außerdem nach Jerusalem pilgern – wie Ludolf von Sachsen es empfohlen hat.

Er verläßt Loyola, zieht zu dem Wallfahrtsort Montserrat, betet, beichtet und kommuniziert, tauscht sein Rittergewand samt Waffen, Degen und Dolch gegen die Kutte eines Pilgers und macht sich auf den Weg nach Jerusalem – allein und zu Fuß.

Doch zunächst geht er nach Manresa, einer kleinen Tuchmacherstadt in der Nähe, für einige Tage – um Notizen zu machen und arm unter Armen zu sein. Aus den Tagen werden elf Monate. Aus den Notizen wird der Kern seiner als »Exerzitien« bekanntgewordenen »Geistlichen Übungen«. Aus seiner Armut wird der unbeschreibliche Reichtum von einem, der in ekstatischen Visionen »von etwas Leuchtendem und Schönem« Gottes Gegenwart erfahren hat. Und von ihm, von Gott allein, läßt er sich in die Schule nehmen. Er beginnt, anderen von seinem Gott zu erzählen, sie zu dem Gott zu führen, der ihm unbezweifelbare Wirklichkeit geworden ist, sie den finden zu lassen, den sie, ohne es zu wissen, im Tiefsten ihres Herzens selber suchen. Er tut es auf der Straße, in dem Armenspital, ja sogar – ohne Priester zu sein – in der Kirche. Was er dabei sagt und wie er es sagt, findet seinen Niederschlag in seinem Exerzitienbuch, das hier seine Grundstruktur erhält.

Von Manresa treibt es ihn nach Barcelona und weiter – per Schiff – nach Rom. Dort will er die päpstliche Erlaubnis zu einer Pilgerreise nach Jerusalem erwirken. Er erhält sie, wandert nach Venedig, stößt auf ein Schiff, das ihn, den bettelarmen Pilger, mitnimmt. Jerusalem – Ziel seiner Sehnsucht – ist erreicht. Hier will er bleiben, womöglich missionieren.

Er besucht Betlehem, Jericho, Betfage. Er besucht vor allem in Jerusalem selbst die Stätten, die Jesu Fuß betreten hat – »mit einer Freude, die nicht natürlich schien«, wie er in seinem Pilgerbericht[1] bemerkt. Alles, was er von Jesus hören, sehen, riechen, schmecken und ertasten kann, soll ihm helfen, Jesus sein lebendiges Gegenüber sein zu lassen, einen, mit dem man sprechen, bei dem man sich geborgen fühlen, dem man sich anvertrauen kann. Und tatsächlich: »In dieser ganzen Zeit erschien ihm viele Male unser Herr, welcher ihm viel Tröstung und Ermutigung gab.« So schreibt er selber (BP 44). Und auch das schreibt er: »Es kam ihm großes Verlangen, vor dem Aufbruch noch einmal den Ölberg zu besuchen... Auf dem Ölberg ist ein Stein, von dem aus unser Herr in die Himmel aufstieg, und man sieht noch jetzt die eingedrückten Fußspuren. Und dies war es, was er noch einmal sehen wollte.« (BP 47)

Zu der gleichen Pilgergruppe wie Ignatius gehörte ein Glockengießer aus Zürich namens Peter Füessli. Von ihm besitzen wir ein ausführliches Pilgertagebuch. Der darin enthaltene Bericht über den Aufenthalt in Jerusalem ist in neuhochdeutscher Übertragung der hier benutzten Ausgabe des von Ignatius selbst diktierten autobiographischen Pilgerberichts als Anhang beigefügt. Wegen ihrer Plastizität seien einige Abschnitte daraus wörtlich zitiert:

»(3. September) So ritten wir dieselbe Nacht bis acht Meilen auf Jerusalem zu. Da saßen wir ab und ruhten, bis es Tag wurde (4. September). Dann zogen wir zu Fuß bis nach Jerusalem, daß wir um zehn da waren. Da führte man uns zuerst auf den Berg Sion. Dort ist ein Barfüßerkloster; sind Observanzer. Da gab man uns zu Imbiß und führte uns danach in das Haus, wo man die Pilger hinleitet. Das ist nahe bei dem Heiligen Grab. Und sie gaben jedem eine Decke und ein Kissen, und an einem jeden Tag ein Brot und zweimal Wein aus dem Kloster, daß wir genug zu trinken hatten.

(5. September) Und am nächsten Tag, am Samstag am Morgen früh, da gingen wir wieder in das Kloster und hörten Messe. Und als die Messe aus war, da predigte der Niederländer, der des Guardians Statthalter war. Und er sagte uns, wie das die Stätte sei, wo unser Herr das Osterlamm und sein letztes Nachtmahl gegessen habe mit seinen Jüngern. Dort habe er ihnen die Füße gewaschen und das heilige Sakrament da eingesetzt ...

Und danach führte man uns an den Ort, wo die Jünger am Ostertag beieinander versammelt waren und ihnen unser Herr erschien. Und nach acht Tagen am selben Ort hat St. Thomas unserem Herrn die Hand in seine Seite gelegt. In derselben Kapelle ist ein Stück von der Säule, an der unser Herr gegeißelt worden ist ...

Und danach führten sie uns an den Ort, wo unser Herr die Zwölf Boten geheißen hat, in alle Welt zu gehen und das Evangelium zu verkünden. Danach zeigten sie uns die Stätte, wo St. Stefan ursprünglich begraben worden ist. Und danach, wo das Osterlamm gebraten wurde. Und danach an einen Ort, wo unser Herr oft gepredigt hat. Dort sind zwei Steine; da soll auf dem einen unser Herr gesessen sein, auf dem anderen unsere Frau. Und gleich, wenn man in die Kirche geht, da ist unserer Frau Bethaus gewesen. Da hat sie ihrer Gebete viele gesprochen nach der Auferstehung unseres Herrn ...

Und am selben Samstag zu Abend, da führte man uns

zuerst in das Heilige Grab. Nun ist das Heilige Grab und die anderen Heiligen Stätten, die hernach beschrieben werden, mit einer großen Kirche oder einem Münster überbaut, die Helena hat machen lassen. Sie hat auch die anderen Heiligen Stätten, die in Jerusalem und darum liegen, mit Kirchen bebaut, deren viele zerstört sind und etliche öde liegen. Und bevor man uns hineinließ, mußte der Patron für jeden Pilger 7 Dukaten geben, und dem Schreiber und dem Dolmetscher auch etliches Geld. Und als sie die Türken bezahlten, da schrieb er uns alle auf und ließ uns ein.

Da gingen wir zuerst in der Barfüßerbrüder Kapelle. Da legten wir unsere Dinge hin, die wir mit uns gebracht hatten: Kissen und Decken, auf denen wir liegen sollten. Und als die Pilger zusammenkamen, da nahmen die Herren ein Kreuz und sangen ein Salve in derselben Kapelle; die ist auf der rechten Hand neben dem Heiligen Grab. Und als es aus war, da stand des Guardians Statthalter und sagte uns, in der Kapelle seien drei Stücke. Das erste sei: Unser Herr sei da unserer Frau zuerst erschienen nach seiner Auferstehung. Das andere Stück, an dem unser Herr gegeißelt worden ist, steht rechterhand, wenn man zur Tür hineingeht. Das dritte ist: Als das Heilige Kreuz zuerst gefunden wurde, da hat man sie alle drei erst in die Kapelle gebracht und einen toten Leib darauf gebracht. Der ist an unseres Herrgotts Kreuz wieder lebendig geworden. Und danach gingen sie mit dem Kreuz aus der Kapelle. Und vor derselben Tür, da sind zwei runde Marmorsteinplatten nicht weit voneinander. Da sagte er uns, es sei die Stelle, wo unser Herr St. Maria Magdalena erschien in eines Gärtners Weise und zu ihr sprach: ›Du sollst mich nicht anrühren.‹...

Und danach zeigten sie uns des reichen Mannes Haus mit dem armen Lazarus. Danach das Haus Simons des Aussätzigen, wo St. Maria Magdalena unserem Herrn die

Füße mit ihren Tränen wusch und ihr alle ihre Sünden vergeben wurden. Und danach zu der Pforte, wo St. Peter und St. Johannes den Lahmen gesund machten. Da sieht man den Tempel. Danach an die Straße, wo die Juden Simon Cyrenäus zwangen, daß er unserem Herrn das Kreuz tragen helfen mußte. Und danach an den Ort, wo unsere Frau unseren Herrn unter dem Kreuz sah und ohnmächtig wurde. Und danach, wo unser Herr unter dem Kreuz wieder hingesunken ist. Und danach zeigten sie uns das Haus von Pilatus; da sind zwei Steine auf einem Gewölbe eingemauert. Da sagten sie uns, auf dem einen sei unser Herr gestanden und auf dem anderen Pilatus, als er gesprochen hat: ›Nehmt wahr: dieser Mensch.‹ . . .

Und danach zeigten sie uns den Ort, wo St. Peter geweint hat, nachdem er unsern Herrn verleugnet hatte. . . .

Und danach nach Betanien, wo das Haus Simons gestanden ist, wo unser Herr zur Nacht aß und ihn St. Maria Magdalena mit der kostbaren Salbe salbte. Und danach Lazarus' Haus und sein Grab. Da mußten wir die Schuhe abtun, bevor wir hineingingen . . .

Und beim Wieder-Zurückreiten zeigten sie uns die Stätte, wo unser Herr auf dem Esel gesessen ist, als er am Palmtag einritt. Und danach an einen Ort, wo sie uns sagten, daß die Heiligen Zwölf Boten daselbst das Glaubensbekenntnis gemacht hätten. Und wo unser Herr gesessen ist und die Jünger zu ihm sprachen: ›Herr, lehre uns beten.‹ Da hat er das Paternoster gemacht . . .

Und am selben Mittwoch nachts gegen zehn – es war der 23. Herbst –, da brachte man uns die Esel vom Kloster, und wir saßen auf und zogen davon. Aber sie führten uns einen anderen Weg von Jerusalem; von wegen der Kriegsleute, die da lagen, mußten wir uns davonstehlen.«

Aufbrechen und sich davonstehlen mußte auch Ignatius. Bleiben konnte er nicht. Die Franziskaner, denen die Obhut der Heiligen Stätten anvertraut war, forderten ihn unter Androhung der Exkommunikation auf, das Heilige Land wieder zu verlassen. Also wieder zurück!

Was soll er tun? Seine Pläne sind zerronnen. Nur das eine weiß er: er will zu Jesus gehen und Menschen zu Jesus und durch Jesus zu dem Gott führen, der ihm auf eben dieser Pilgerreise so »viel Tröstung und Ermutigung gab«, und er will selbst wie ein zweiter Jesus Bedürftigen, Ratsuchenden, Gestrandeten zur Seite stehen. Deshalb kehrt er zurück nach Barcelona. Dort will er studieren, um noch besser das, was er will, auch realisieren zu können. Er findet Lehrer und Gönner. Diese raten ihm, seine Studien in Alcalá de Henares fortzusetzen. Was er tut. Was er dort außerdem tut: betteln, unterrichten, ja, regelrecht »Exerzitien« geben.

Er fällt auf, wird angeschwärzt, muß sich vor der Inquisition veranworten, wird sogar eingesperrt und schließlich dazu verurteilt, für drei Jahre das Unterrichten bleibenzulassen, »weil ihm die Wissenschaft fehlt«. Er ist bereit, das nachzuholen. Er geht nach Salamanca. In Salamanca erneut die Inquisition: Befragungen, Verhöre, Gefängnis. »Über diese Dinge« – so der Dominikaner, der ihn verhörte, – »kann niemand sprechen außer durch die Wissenschaft oder durch den Heiligen Geist.«[2] Ergebnis: Er darf fortfahren, von Gott zu sprechen. Iñigo fährt fort, von Gott zu sprechen, so wie er es versteht: Gott und den Menschen, jeden einzelnen, in ein wechselseitiges Verhältnis, in unmittelbaren Kontakt miteinander zu führen.

Um das noch besser zu können, reift in ihm der Entschluß, nach Paris zu gehen. Dort war die berühmteste Universität, die Sorbonne. Er setzt seinen Entschluß in die Tat um. Sieben Jahre – von 1528 bis 1535 – bleibt er in Paris, bringt es zum »baccalaureus« und »magister artium« – und findet Gefährten. In der Kapelle Unserer lieben Frau auf dem Montmartre legt er – 1534, am Festtag der Aufnahme Mariens in den Himmel – mit diesen zusammen das Gelübde ab, arm und keusch zu leben und nach Jerusalem zu pilgern. Dort wollen sie den Rest ihres Lebens verbringen und die Ungläubigen bekehren. Sollte die Reise nach Jerusalem nicht möglich sein, wollen sie sich dem Papst zur Verfügung stellen. Ihm trauen sie die beste Kenntnis der Nöte der Kirche zu. Er soll ihnen dann ihre Aufgabe zuweisen.

Auch in Paris wird er der Häresie verdächtigt. Paris war in diesem Punkte besonders empfindlich. Es genügte, von zwei Zeugen des Luthertums überführt zu werden, um auf dem Scheiterhaufen zu landen! Ignatius – so nennt er sich seit seiner Pariser Zeit – stellt sich freiwillig den Inquisitoren. Seine Rechtgläubigkeit wird ihm – wie er es ausdrücklich verlangt – vor einem Notar schriftlich bestätigt.

Ignatius wird krank. Der Arzt empfiehlt Heimatluft. Tatsächlich geht er nach Azpeitia. Er wohnt im Armenhospiz. Nur eine einzige Nacht verbringt er in der elterlichen Burg Loyola. Er predigt auf der Straße und in der Kirche, unterrichtet Kinder, sammelt Almosen – und zieht nach drei Monaten wieder ab. Er besucht die Eltern seiner Pariser Gefährten, soweit diese aus Spanien stammten, und trifft sich mit diesen selbst nach weiteren vier Monaten in Venedig – wie verabredet.

Zunächst gehen sie nach Rom. Der Papst gibt die Erlaubnis, nach Jerusalem zu pilgern und dort zu bleiben. Doch es kommt anders. Das Pilgerschiff in Venedig kann nicht ausfahren. Die Spannungen zwischen Venezianern und Türken erlauben es nicht. Es droht Krieg.

Auch im folgenden Jahr ist an Überfahrt nicht zu denken. Da ziehen sie erneut nach Rom. Der Papst soll über sie verfügen. So hatten sie es auf dem Montmartre gelobt.

Der Papst verfügt über sie. Er approbiert das Exerzitienbuch. Er anerkennt ihre ständig wachsende Gemeinschaft

Ignatius überreicht Papst Paul III. die Ordenssatzung
der Gesellschaft Jesu (1539).

als neuen Orden. Er schickt dessen Mitglieder hinaus in alle Welt: nach Indien, nach Amerika, nach Deutschland, nach Spanien, nach Portugal – und nach Rom. Dort entsteht das Collegium Romanum (die spätere Universitas Gregoriana), dort entsteht das Collegium Germanicum (für Priesteramtskandidaten aus den deutschen Landen) und dort wird aus dem armen Pilger Iñigo der Generalobere eines weltumspannenden, bei seinem Tode mehr als 1000 Mitglieder zählenden Ordens.

Der Orden erhält den Namen Gesellschaft Jesu. Denn nur das eine wollten Ignatius und seine Gefährten: sich Jesus zugesellen, seine Jünger, seine Nachfolger sein. So hatte Ignatius auch eine Vision, Erscheinung, Erleuchtung – wer weiß schon, was das war! – verstanden, die ihm kurz vor seinem Eintreffen in Rom zuteil geworden war. In einer kleinen Kapelle, La Storta geheißen, war es. Da sah er, so daß er keinen Augenblick daran zweifelte, wie Gottvater ihn seinem Sohn zugesellte.

1556 stirbt Ignatius – 64 Jahre alt. Er hinterläßt das Exerzitienbüchlein, den Bericht eines Pilgers – seine Autobiographie, die er seinem Sekretär diktiert hatte –, mehr als 6800 (!) Briefe, die er in die ganze Welt hinausgeschickt hatte, ein geistliches Tagebuch, die Ordenssatzung und einen Orden, der Geschichte machen sollte: Jesuitenstaat in Paraguay, Missionierung Chinas, die an dem Ritenstreit zerbrach, Argwohn der absolutistischen Herrscher Europas, der zur vorübergehenden Auflösung des Ordens führte (von 1773 bis 1814). Heute zählt der Orden rund 25000 Mitglieder. Papst Paul III. hatte, als Ignatius zu ihm kam, ihre Zahl zunächst auf 60 beschränken wollen! Er bleibt die Hoffnung derer, die es mit der Kirche gut meinen.

LOYOLA

In Loyola wurde er geboren. In Loyola erfuhr er seine Bekehrung. In Loyola begann seine Jesus-Nachfolge.

Heute ist in Loyola alles verdeckt durch Werke der Frömmigkeit: eine Basilika, ein Exerzitienhaus, ein Museum, Statuen, Inschriften. Sie wollen erinnern – und lassen nur zu leicht vergessen, daß hier einer lag und litt und dem Tode nahe war, daß hier einer Stunden, Wochen, Monate der Verzweiflung, der Zerknirschung, der Reue und der Tränen durchlebte, daß hier einer nur unter tausend Qualen zu einem neuen Leben geboren wurde.

Wie neu das neue Leben war, schildert er selbst dadurch, daß er das alte Leben ein Leben der Eitelkeiten nannte. »Bis zum Alter von sechsundzwanzig Jahren war er ein den Eitelkeiten der Welt ergebener Mensch und vergnügte sich hauptsächlich an Waffenübung, mit einem großen und eitlen Verlangen, Ehre zu gewinnen.« (BP 1) So schreibt er gleich zu Beginn seines autobiographischen Pilgerberichts.

Was das konkret für Eitelkeiten waren, sagt er nicht. Doch schon die ersten Biographen sind sich darüber einig, daß sie mehr waren als Sorgfalt für schöne Kleider und Stolz auf Reiterkunststücke. Sie berichten, daß er geradezu ein Raufbold war, – fügen aber hinzu, daß er jedesmal zur Muttergottes gebetet habe, bevor er sich im Duell schlug. Einmal aber – es war während der Faßnachtstage des Jahres 1515 –, da waren seine Ausschreitungen dermaßen schwerwiegend, daß man ihn einkerkern wollte. Hatte er einen Familienfeind gefangengenommen? War es eine grobe Prügelei gewesen? Oder die Entführung eines Mädchens? Man weiß es nicht. Nur das eine weiß man: Er sollte vor

Gericht erscheinen. Einer Verurteilung entging er aber. Nicht etwa wegen erwiesener Unschuld. Sondern weil er es auf raffinierte Weise verstanden hatte, den Prozeß in einen nicht enden wollenden Streit um die Zuständigkeit dieses oder jenes Gerichts einmünden und somit versanden zu lassen.

Das alles war jetzt Vergangenheit. Jetzt begann mit einer Radikalität ohnegleichen ein neues Leben. Dieses neue Leben hieß für Ignatius, was es für Paulus geheißen hatte: »nichts wissen außer Jesus Christus« (1 Kor 2,2). Ihm wollte er nachfolgen. Auf seinen Spuren wollte er wandern. Seinen Namen wollte er den Menschen verkünden. Das und nur das bedeutete ihm von Stund an Loyola.

Jesus nachfolgen hieß für Ignatius ganz konkret: ins Heilige Land pilgern, dort all die Stätten besuchen, die an Jesus erinnerten, an sein Leben, an sein Leiden, an seinen Tod, an seine Auferstehung, an seine Himmelfahrt. All das wollte er sehen, mit Herz und Sinnen erspüren und ertasten, in sich aufnehmen und nie mehr loslassen – und dann für immer dort bleiben, wo auch Jesus bis zu seinem Tode geblieben war. Doch das Bleiben wurde ihm verwehrt. Er mußte wieder zurück. Sein Weg, Jesus nachzufolgen, sollte ein anderer sein – und auch sein Weg, andere für die Nachfolge Jesu zu gewinnen.

Denn Ignatius wollte ja nicht allein Jesus nachfolgen. Er wollte doch auch andere wissen lassen, wer Jesus ist. Auch andere sollten Jesus zum Freunde haben und an seiner Seite und mit seiner Hilfe den Weg duch die Dunkelheiten dieses Lebens gehen.

Ignatius ist da wie Andreas. Kaum hatte dieser aus dem Munde Johannes des Täufers gehört, daß dieser Mann aus Nazaret der ist, den die Propheten vorausverkündet hatten und der alles Übel ausrotten würde, ging er zu seinem Bruder Simon: Simon, sagte er, wir haben den

»Santuario de Loyola« – eine hochaufragende Statue, eine barocke Basilika mit mächtiger Kuppel – das ist das, was dem zuerst begegnet, der sich nach Loyola begibt, wo Ignatius 1491 geboren wurde.

Messias gefunden, den Heiland, den Retter, den Langer-
warteten!

In seinem Exerzitienbüchlein hat Ignatius notiert, wie er
das machte, anderen von Jesus zu erzählen, was er ihnen
sagte und wozu er sie aufforderte. Sollte ihnen doch Jesus
ebenso lebendige Wirklichkeit werden, wie er ihm selbst
seit seiner Bekehrung in Loyola lebendige Wirklichkeit geworden war – und sollten sie sich doch genau so wie er für
Jesus begeistern, sich genau so wie er ihm anvertrauen, sich
genau so wie er von ihm trösten lassen.

Um dieses zu erreichen, sollten sie sich die Szenen aus
dem Leben Jesu so konkret wie möglich vor Augen halten.

Dazu ein Beispiel. Ignatius lädt dazu ein, die Geburt
Jesu zu betrachten. Er tut es auf folgende Weise:

»Die erste Einstellung ist der geschichtliche Vorgang.
Hier, wie Unsere Herrin, etwa im neunten Monat ihrer
Erwartung, nach frommer Betrachtungsweise auf einer
Eselin sitzend, mit Josef und einer Magd, ein Rind mit sich
führend, von Nazareth fortzieht, um nach Bethlehem zu
gehen und den Tribut zu entrichten, den der Kaiser allen
jenen Ländern auferlegt hatte.

Die zweite: Zurichtung des Schauplatzes. Hier mit den
inneren Augen die Straße von Nazareth nach Bethlehem
sehen, ermessend ihre Länge und Breite, und ob der Weg
eben ist oder durch Täler und über Hügel führt. Ebenso die
Stätte oder Höhle der Geburt betrachten, wie geräumig,
wie eng, wie niedrig, wie hoch sie ist, und wie ihre Ausstat-
tung war . . .

Der erste Punkt ist: Sehen die Personen, sehen also Unsere Herrin und Josef und die Magd und das Jesuskind,
nachdem es geboren ist. Ich mache mich, als ob ich dabei
gegenwärtig wäre, zu einem armseligen wertlosen Diener-
lein, das sie anstaunt und betrachtet und in ihren Nöten
bedient, mit der größtmöglichen Ergebenheit und Ehr-

furcht. Dann mich in mir selbst besinnen, um einigen Nutzen zu ziehen.

Der zweite: Betrachten und erwägen, was sie reden, und mich in mir selbst besinnend einigen Nutzen gewinnen.

Der dritte: Schauen und erwägen, was sie tun, etwa wie sie reisen, wie sie sich anstrengen, dazu hin, daß der Herr in der größten Armut geboren werde, und am Ende von soviel Mühen, von Hunger und Durst, von Hitze und Kälte, von Schmähungen und Anwürfen am Kreuze sterbe, und alles das für mich. Dann mich besinnend einigen Nutzen im Geiste gewinnen.«[3]

Ganz nahe wollte Ignatius diesem Jesus sein, der ihm in Loyola den Ausweg gezeigt hatte aus der Nacht der Verzweiflung, und ganz nahe sollten auch die ihm sein, die er zu Jesus führen wollte. Und sie sollten wissen, spüren, dessen innewerden, daß Jesus mehr ist als der Mann aus Nazaret. Daß es Gott selber ist, der in und durch Jesus spricht, und daß wir selber es sind, die Gott in und durch Jesus ansprechen will. Jesus begegnen heißt doch, sich in jener Situation befinden, die Fridolin Stier beschreibt: »Ein Kommentator über ein so erregendes und im besten Sinne unglaubliches Evangelium... müßte die Situation herbeiführen, in die ich mich gestellt sehe, wenn der Zoowächter auf einen Tiger hinter Gittern zeigt: ›Sehen Sie, wie er Sie anblickt, er hat es auf Sie abgesehen‹, und dann das Gitter öffnet.«[4]

Ignatius führt diese Situation herbei. Er tut es – wie Gaston Fessard in einer tiefschürfenden Untersuchung aufgezeigt hat[5] – , indem er sich die von den Vätern überlieferte und noch im Mittelalter lebendige Lehre von dem vierfachen Sinn der heiligen Schriften zu eigen macht. Die Worte und Taten Jesu sind ja – wie alles, was die Bibel berichtet – mehr als historische Ereignisse. Sie sind zugleich Hinweis auf die Geheimnisse des Glaubens, Aufforderung zum Handeln und Weckung der Hoffnung auf die uns verheißenen zukünftigen Güter[6]. Fessard findet sogar in der Verteilung der Ignatianischen Exerzitien auf vier Wochen einen Reflex der Lehre von diesem vierfachen Schriftsinn[7].

Dabei will Ignatius, daß die Betrachtungen immer einmünden in ein Gebet, zunächst in ein Gespräch – »so wie ein Freund mit seinem Freunde spricht oder ein Knecht zu seinem Herrn » (Nr. 54) – und sodann in ein vorgeformtes Gebet. Dieses Gebet lautet:

> *Seele Christi, heilige mich.*
> *Leib Christi, rette mich.*
> *Blut Christi, berausche mich.*
> *Wasser der Seite Christi, wasche mich.*
> *Leiden Christi, stärke mich.*
> *O guter Jesus, erhöre mich.*
> *In deinen Wunden verberge mich.*
> *Von dir laß nimmer scheiden mich.*
> *Vor dem bösen Feinde beschütze mich.*
> *Zur Stunde meines Todes rufe mich.*
> *Und zu dir kommen heiße mich,*
> *Daß ich mit deinen Heiligen lobe dich,*
> *Von Ewigkeit zu Ewigkeit. Amen.*

Ignatius wird nicht müde, gerade dieses Gebet zu empfehlen. Er hat es nicht selbst verfaßt. Es entstand wahrscheinlich im 14. Jahrhundert. Zumindest war es da schon bekannt. Ebenso setzte Ignatius es bei seinen Zeitgenossen als bekannt voraus. Er begnügte sich daher in den schriftlichen Exerzitien mit der Aufforderung, »ein Anima Christi« zu beten, so wie er auch aufforderte, ein »Ave Maria« oder ein »Vater unser« zu beten. Doch schon bald nach des Ignatius Tod – genauer: seit 1576 – wurde das »Anima Christi« den gedruckten Exerzitien vorangestellt. Es befindet sich seither am Beginn jeder Ausgabe und jeder Übersetzung des Exerzitienbuches. Damit sollen die geistlichen Übungen beginnen. Nur wer dieses Gebet betet, kann die Exerzitien machen. Nur wer dieses Gebet betet, versteht Ignatius. Nur wer dieses Gebet betet, folgt seinen Spuren.

Es ist das Gebet eines Verliebten. Ein Verliebter will nicht nur den Namen des Geliebten aussprechen, sondern alles aufzählen, was er an ihm liebreizend findet: seine Augen, seine Hände, seine Stimme, eben alles, was er ist und was er hat. So ruft auch Ignatius nicht nur »o guter Jesus«, sondern er zählt auf, bevor er noch diesen Namen nennt, was ihn an diesem Mann aus Nazaret, der ihm zum Heiland geworden ist, so fasziniert, was alles an diesem Jesus gut und liebreizend und darum anrufbar ist: seine Seele, sein Leib, sein Blut, das Wasser, das aus seiner Seite floß, das Leiden, das er als einer von uns und darum mit uns und für uns auf sich genommen hat. Dann erst nennt er seinen Namen, wobei er, der doch sonst ein Feind aller überflüssigen Eigenschaftswörter ist, auch noch das alles andere in den Schatten treten lassende Eigenschaftswort »guter« diesem Namen beigefügt sein läßt.

Und wie er auf fünf Stufen emporsteigt, bevor er den Namen Jesu ausspricht, so steigt er auch über fünf Teilbitten auf zu dem »erhöre mich«, das der Anrufung »o guter Jesus« folgt: heilige mich, rette mich, berausche mich (als ob er an den Wein dächte, unter dessen Gestalt der gute Jesus uns sein Blut zu trinken gegeben hat), wasche mich und stärke mich – das sind die fünf Bitten, die jeweils der Nennung alles dessen folgen, was der Beter an Jesus gut findet.

Und einmal auf dem Höhepunkt der Anrufungen, nämlich bei Jesus selbst, angelangt, verlangt Ignatius nichts weiter – das aber immer ungestümer –, als bei ihm zu bleiben: verbirg in deinen Wunden mich – so daß der, der mich sucht, deine Wunden sieht und um deiner Wunden willen mir nicht mehr gram sein kann; laß mich nimmermehr von dir getrennt sein, beschütze mich vor dem bösen Feinde, rufe mich in der Stunde meines Todes, heiße zu dir kommen mich: nimmer von dir mich trennen, endgültig bei dir bleiben – mehr will ich ja nicht.

Fünf Anrufungen gehen dem zentralen »O guter Jesus, erhöre mich« voraus, fünf folgen ihm. Alle enden sie auf »mich«. Dann aber zeigt uns der zwölfte Vers, daß Ignatius und jeder, der dieses Gebet betet, nicht nur an sich denkt und nur für sich Gnaden einheimsen will und so in egoistischer Weise geistlicher Habsucht verfällt. Vielmehr ist alles nur dazu bestimmt, sich loszulassen, sich ganz und für immer, ja für eine ganze Ewigkeit hinzugeben: »Daß ich mit deinen Heiligen lobe dich«. Das elfmalige »mich« am Ende der ersten elf Verse mündet in das »dich« am Ende des zwölften Verses: das ist der Sinn, das ist das Ziel, das ist die Erfüllung. Darin und nur darin kommt der Mensch zur Vollendung. Wer sich verliert, so lautet das Herrenwort, der ist es, der sich findet, ja, der ist wie Gott, der davon lebt, daß er sich ganz und vorbehaltlos ausspricht und verschenkt, der ist in der Lage, an Gottes Leben teilzunehmen, der kann eingehen in die selige Ewigkeit, die zugleich ewige Seligkeit ist.

Ignatius will, möchte, empfiehlt, drängt, ermutigt, daß wir nicht nur mit den Lippen, sondern mit dem Herzen, mit unserer ganzen Existenz beten wie er und daß wir sagen:

»Guter Jesus, erhöre mich. Ich will doch nur dich das an mir wirken lassen, was du willst und wozu du gekommen bist, und nicht nur an mir, sondern an allen, die ich liebe: keine Angst mehr haben, bei dir geborgen sein, von dir nie getrennt werden, vor aller Unbill, allem Unheil, allem Bösen beschützt bleiben, in der Todesstunde vernehmen, daß du mich rufst, damit ich erkenne, daß du, was mir jetzt so schwerfällt zu erkennen, es nicht nur gut mit mir meinst, sondern daß du auch tatsächlich alles gut gemacht hast, daß du der bist, der auf krummen Wegen gerade schreiben kann, daß es sich allen Unkenrufen zum Trotz gelohnt hat zu leben, damit wir dich loben – und das voller Freude – , so wie es die anderen tun, die das Ziel ihrer Wanderung schon erreicht haben. Amen.«

Siegel des Ignatius

6o km nordwestlich von Barcelona liegt der Montserrat, ein Bergmassiv (»gesägter Berg« bedeutet dieses katalanische Wort), eine Benediktinerabtei (seit mehr als tausend Jahren!), ein Wallfahrtsort. Dort wird eine Muttergottesstatue verehrt. Die Legende hält sie für ein Werk des Evangelisten Lukas. Dorthin zog es den frommen Pilger Ignatius. Dort wollte er sich dem Schutze Mariens empfehlen, ihr sagen und sie bitten: iter para tutum – gib du sicheres Weggeleit, wenn ich mich jetzt aufmache nach Jerusalem.

Vorausgegangen war etwas wie eine Vision, eine Erscheinung, ein Aufleuchten. Es war noch auf seinem Krankenlager in Loyola. »Eine Nacht war er wach und sah deutlich ein Bild unserer Herrin mit dem heiligen Jesuskind.« So steht es in dem Bericht des Pilgers (Nr. 10). War das seine eigene Phantasie, die ihm das vorgaukelte? War es eine himmlische Erscheinung? Im zweiten Teil seines Buches »Aufstieg zum Berge Karmel« warnt Johannes vom Kreuz eindringlich und ausführlich davor, solchen Visionen allzuviel Beachtung zu schenken. Man braucht es auch nicht. Es genügt zu wissen: Ignatius sah in Maria die, die ihm Jesus darreichte. Und zu Jesus wollte er. Ihm wollte er gehören. Ihm wollte er nachfolgen. Und von Maria wollte er sich zu Jesus führen lassen – auch zu dem Jesus, dessen Spuren er in Jerusalem nachgehen wollte.

In der Nähe von Loyola lag und liegt ein kleiner Wallfahrtsort. Sein Name: Aranzazu. Des Ignatius Mutter hatte ihn oft aufgesucht. Ignatius machte es ihr nach. Dorthin ging er zuerst. Er betete eine ganze Nacht, »um neue Kräfte für seinen Weg zu erlangen« (BP 13). Dann verab-

Auf dem Montserrat, dem »zersägten Berg«, hatten sich schon im 9. und 10. Jahrhundert Benediktinermönche niedergelassen, deren Kloster bis heute von vielen besucht wird. Auch Ignatius suchte es auf und betete vor dem darin verehrten Gnadenbild der Muttergottes, um seinem alten Leben abzuschwören und ein neues zu beginnen.

schiedete er die Diener, die sein Bruder ihm mitgegeben hatte. Allein ritt er weiter auf seinem Maultier, Richtung Montserrat.

Doch unterwegs geschah etwas, das zu erwähnen sich lohnt. Es zeigt des Ignatius Liebe zu Maria und sein Vertrauen auf Gott.

Ein Maure holt ihn ein. Sie kommen ins Gespräch. Sie streiten über die bleibende Jungfräulichkeit der Mutter Jesu. Sie gehen auseinander. Ignatius gehen die Vorwürfe, ja Lästerungen des Mauren nicht aus dem Kopf. Soll er zurückreiten und ihm den Schädel einschlagen? Er läßt sein Maultier traben, wohin es will. Gott soll auf diese Weise entscheiden, was das richtige ist. Das Maultier trägt ihn nach Montserrat.

Ausführlich berichtet Ignatius von diesem Vorkommnis in seinem Pilgerbericht:

»Wie er also seines Weges zog, holte ihn ein Maure ein, ein Reiter auf einem Maultier. Und wie die beiden miteinander sprachen, kamen sie darauf, über unsere Herrin zu sprechen. Und der Maure sagte, es schiene ihm wohl, daß die Jungfrau ohne einen Mann empfangen habe; aber das Gebären und dabei Jungfrau-Bleiben, das könne er nicht glauben. Und er gab dafür die natürlichen Gründe, die sich ihm anboten. Der Pilger konnte ihm diese Auffassung, so viele Gründe er ihm gab, nicht auflösen. Und so ritt der Maure mit soviel Eile voran, daß er ihn aus der Sicht verlor. Er blieb im Nachdenken darüber, was mit dem Mauren gewesen war ... Es schien ihm, er habe schlecht getan, zuzulassen, daß ein Maure solche Dinge über unsere Herrin sage, und daß er verpflichtet sei, ihre Ehre wiederherzustellen. Und so kam ihm das Verlangen, den Mauren suchen zu gehen und ihm Dolchstöße zu versetzen für das, was er gesagt hatte. Und indem er lange im Kampf dieser Wünsche verharrte, blieb er zum

Schluß im Zweifel, ohne zu wissen, was zu tun er verpflichtet sei . . .

Und indem er es so müde geworden war, zu erforschen, was gut zu tun wäre, und er nichts Gewisses fand, wozu er sich entschließen sollte, entschloß er sich zu diesem: nämlich, das Maultier mit verhängtem Zügel zu dem Ort gehen zu lassen, wo die Wege sich teilten. Und wenn das Maultier auf dem Weg in das Städtchen ginge, würde er den Mauren suchen und ihn mit Dolchstößen versehen; wenn es nicht in Richtung des Städtchens ginge, sondern auf dem Königsweg, ihn in Ruhe lassen. Und indem er es so tat, wie er gedacht hatte, wollte unser Herr, daß das Maultier den Königsweg nahm und den Weg zum Städtchen ließ.« (BP 15 u. 16) In einem Dorf kurz vor Montserrat kauft Ignatius sich Pilgerstab und Kürbisflasche und »Stoff, aus dem man Säcke zu machen pflegt, von einer Art, die nicht sehr gewebt ist und viele Borsten hat. Und er ließ sogleich daraus ein bis zu den Füßen langes Gewand machen« (BP 16): sein Pilgerkleid.

Drei Tage lang Einkehr, Besinnung, Generalbeichte auf dem Montserrat. Dann legt er das Pilgergewand an. Seine Ritterkleidung gibt er einem Armen, das Maultier seinem Beichtvater. Schwert und Dolch hängt er auf am Altare unserer Herrin. Hatte er doch beschlossen, die Vergangenheit wie ein Gewand abzulegen und »sich mit den Waffen Christi zu kleiden« (BP 17). Hier, vor der »moreneta«, dem altersschwarzen Holzbild der Jungfrau Maria, wachte er eine ganze Nacht – bald kniend, bald stehend, niemals sitzend.

Es war die Nacht vor dem Fest »Unserer Herrin vom März« – wir sagen Mariä Verkündigung (25. März). Wie sollte er da seine Herrin anders grüßen als mit dem Gruß des Engels an ebenjenem Tag der Verkündigung, da er bei ihr eintrat und sprach: Ave Maria – sei gegrüßt, du Gnadenvolle, der Herr ist mit dir – und wie sollte er anders zu ihr beten als mit ebendiesem Ave Maria, das zu beten er auch in seinem Exerzitienbuch immer wieder zu beten empfehlen wird, und wie sollten wir anders den Eintritt in ein neues Leben, das sich hier, in dieser Nacht, vollzog, nachempfinden, ja nachvollziehen, als indem wir mit Ignatius ebendieses Gebet beten, in dessen Mitte der Name Jesus erklingt, ein Gebet, das uns zu ihm führen, ihn zur Mitte unseres Lebens machen will.

Gegrüßet seist du, Maria

Dich grüße ich, Maria, ich armer und sündiger Mensch. Mit denselben Worten, mit denen auch der Engel dich begrüßt hat. So kannst du begrüßt werden. Auch von mir? Ich wage es. Du bist doch auch meine Herrin, Herrin für mich, nein, mehr noch: Mutter für mich. Nimm mich an die Hand! Führe mich zu Jesus! Sieh, ich hab den alten Menschen ausgezogen, abgelegt das Gewand der Eitelkeit, der irdischen Ehren, der Freuden dieser Welt. Ich will nur noch Pilger sein, Diener des allerhöchsten Herrn, seinen Willen erfüllen. Lehre mich, seinen Willen zu erkennen, zu tun, was er von mir will, er, der doch der Sinn meines Lebens ist, so wie er der Sinn auch deines Lebens war.

Du warst verwirrt, als der Gruß des Engels an dein Ohr drang. Du ahntest nicht, daß sich damit dein Leben wandelte, daß es eine neue Richtung erhielt. So stehe ich jetzt auch am Beginn eines neuen Lebens. Loyola liegt hinter mir. Die Karriere am königlichen Hof liegt hinter mir. Die Aussicht auf eine Statthalterschaft existiert nicht mehr. Du hast den Mut gehabt, ja zu sagen zu dem neuen Leben, das du noch gar nicht kanntest, von dem du aber tief in deinem Herzen erkanntest, daß es Gottes Wille war. Hilf mir, so wie du Gottes Willen zu erkennen und ja dazu zu sagen.

Voll der Gnaden

Das ist dein Reichtum: nicht das, was du dir erworben, sondern das, was Gott dir geschenkt hat.

Du machst es uns vor: Die Hände muß man aufhalten, sich beschenken lassen muß man. Nicht der gilt vor Gott etwas, der schon alles weiß und alles hat und alles kann, sondern der, der leer ist, offen, hungrig. Und das bin ich, dazu bekenne ich mich. Ich weiß doch nicht weiter, weiß nicht, wohin ich morgen gehen soll, weiß nicht, wie und wo ich Jesus finden soll, weiß nicht, wie das geht, ihm nachzufolgen. Nur das weiß ich: Hier ist dein Bild, dein Gnadenbild, vor dem schon so viele gebetet haben und Erhörung gefunden haben. Laß auch mich Erhörung finden.

Der Herr ist mit dir

Wenn der Herr mit dir ist, dann ist er doch gewiß auch mit denen, die deine Hand ergreifen, dann ist er doch gewiß auch mit mir, der ich vor deinem Gnadenbilde stehe.

Mit meinem Gott überspringe ich Mauern, so hat David einst in einem Psalm gebetet, und so beten alle die bis heute, die die Psalmen beten.

Du hast sie auch gebetet. Und du konntest dieses Wort beten. Denn mit dir war der Herr – nicht nur in dem Augenblick, in dem der Engel dir das sagte, sondern ein ganzes Leben lang –, auch als du keine Herberge fandest, auch als du nach Ägypten fliehen mußtest, auch als du deinen Sohn nicht wiederfandest, auch als du deinen Sohn nicht verstandest, auch als dein Sohn dich von sich wies und dir sagte, der, der glaubt, sei ihm Mutter, auch als dein Sohn am Kreuze starb, aber auch als dein Sohn von den Toten auferstand. Maria, immer hast du gelebt in dem tröstenden Bewußtsein: Was mir auch widerfahren mag an Gutem und an Bösem, an Begreiflichem und an Unbegreiflichem, an

Freuden und an Leiden: der Herr des Himmels und der Erde, der, der mich geschaffen und gewollt und bejaht hat, er steht auf meiner Seite, er ist mit mir – er mit mir!

Laß ihn auch mit mir sein, dem armen Pilger Iñigo aus Loyola!

Du bist gebenedeit unter den Frauen

Vielen Frauen habe ich schon gefallen wollen in meinem bisherigen Leben. Was tat ich nur, um ihre Gunst, ihr Lächeln, ihre Zuneigung zu gewinnen! Aber keine war, keine ist wie du. Du bist unter allen ausgezeichnet, gesegnet mehr als alle vor dir und alle nach dir. Von den Frauen des Alten Bundes kommt keine dir gleich, und auch nicht von den Frauen des Neuen Bundes. Und darum hat Elisabeth zu dir gesagt, du seiest gebenedeit, gesegnet, vom Himmel ausgezeichnet, nicht von der Erde! An dir ist doch auf wunderbare Weise in Erfüllung gegangen, was Gott einst dem Abraham verheißen hatte und in ihm allen Menschen: Ein Segen sollst du sein – alle Völker sollen durch dich Segen erlangen. Jetzt ist er da, der Segen, der allen Völkern verheißen wurde. Das hat Gott an dir getan, der unbegreifliche Gott, der dem einen diese Aufgabe zuweist und dem anderen jene, von dem man sich nur seine Aufgabe zuweisen lassen muß. Und das will ich ja – auch wenn die Zukunft dunkel ist und ich nicht in der Lage bin, sie selbst zu machen. Aber das kann ich und das will ich und dazu bitte ich um deine Hilfe: sie von Gott machen lassen – so wie du es getan hast.

Und gebenedeit ist die Frucht deines Leibes: Jesus

Das war deine Aufgabe. Du hast sie dir nicht ausgesucht. Sie wurde dir auferlegt. Du solltest der Welt den Heiland gebären: den, der die Antwort ist auf alle Fragen, die Hoffnung der Verzagten, der Trost der Betrübten. Jesus sollte er heißen, weil er der sein sollte, der uns von allem Übel freimachen würde.

Maria, gib, daß ich ihn nie verliere, daß er mich nicht aufgibt, daß er mein Kompaß bleibt, auch wenn ich ihn nicht sehe, wenn um mich alles dunkel wird, wenn ich nicht weiß, welchen Weg ich wählen soll. Und selbst wenn ich den verkehrten Weg betrete, laß ihn mir Jesus bleiben. Maria, er hat doch gesagt: er wolle sein wie der Hirt, der neunundneunzig Schafe sich selbst überläßt und dem einen verlorenen nachgeht. Und wenn ich nun eines Tages das eine verlorene bin? Dann laß ihn mir nachgehen, dann laß ihn mich voll Freude auf die Schultern nehmen, dann laß ihn alle Freunde und Nachbarn zusammenrufen und ihnen sagen: Freut euch mit mir, denn wiedergefunden habe ich den kleinen, verwundeten, jetzt aber mir erneut gehörenden Iñigo aus Loyola!

Heilige Maria

Jetzt nennen wir dich heilig, Maria. Du bist im Reiche unseres Vaters, der der allein Heilige ist, der uns aber so machen will, wie er ist: so glücklich, so selig, so heilig, der auch macht, daß du uns allen nahe bist, so nahe, wie nur Gott uns nahe sein kann.

Mutter Gottes

Das bist du: Mutter Gottes! Du hast den geboren, der Gott auf Erden war, Licht in der Finsternis. Du hast ihn uns geschenkt – schenke ihn auch mir. Denn wenn ich Jesus habe, habe ich Gott. Dann fehlt mir nichts. Dann habe ich den Himmel auf Erden.

Das ist doch deine Sendung: uns den Heiland zu bringen, den Immanuel – den Gott mit uns, den, an den ich mich halten kann, der mich verstehen kann, für den es sich lohnt zu leben und zu sterben.

Bitte für uns Sünder

Auf dich hört Gott, mehr als auf uns. Darum tritt du für uns ein. Sei unsere Fürsprecherin. Bete du auch dann für uns, wenn wir es vergessen, wenn wir müde werden, wenn unsere Kräfte nachlassen. Und laß uns erkennen und bekennen, daß wir Sünder sind. Laß uns nicht uns auf uns selbst verlassen, sondern laß uns die Hände aufhalten zum Empfangen. Laß uns sein, wie Gott uns haben will.

Jetzt

wo ich ein neues Leben beginne,

und in der Stunde unseres Todes

damit sie wie deine Todesstunde und wie Jesu Todesstunde Stunde des Heimganges zum Vater sei.

Wenn die Angst mich beschleicht, ob mein Leben nicht ein verpfuschtes sei, wenn alle vor mir aufstehen, denen ich etwas zuleide getan habe, wenn ich sehe, was ich hätte tun sollen und tun können und nicht getan habe, wenn ich an Gottes Güte zweifeln will, weil so vieles schiefgelaufen ist, wenn ich hinter mir nur verpaßte Gelegenheiten sehe und vor mir nur Dunkelheit, – dann laß mich nicht allein, dann tritt für mich ein, dann nimm mich noch einmal, ein letztes, ein endgültiges Mal an die Hand und führe mich zu Jesus.

Amen

Ja, so soll es sein, Maria, heilige Maria, Mutter Maria,
der ich noch einmal sage: iter para tutum, ut videntes
Jesum semper collaetemur: Gib mir und allen, denen ich
von Jesus erzählen will und die ich einladen will, mit mir
Jesus zu folgen: gib uns allen sicheres Weggeleit, damit
wir Jesus finden und mit ihm die Freude, die uns dann
niemand mehr nehmen kann. Amen.

Fünf Fußstunden entfernt vom Montserrat liegt Manresa, damals ein kleines Städtchen von etwa tausend Einwohnern. Dorthin pilgerte Ignatius. Er wollte, bevor er weiterzog, noch einmal seine Sünden bereuen, beweinen, beichten. Nur kurze Zeit sollte es dauern, einige Tage vielleicht. Doch aus den Tagen wurden Wochen, aus den Wochen Monate – elf insgesamt. Manresa sollte des Ignatius Urkirche werden, wie er selber berichtet.

Über seine Lebensweise schreibt Ignacio Tellechea in seiner Ignatius-Biographie: »Jeden Tag bettelte er in den Straßen. Er aß kein Fleisch und trank keinen Wein, auch wenn sie ihm davon gaben. Sonntags fastete er nicht und trank sogar ein wenig Wein – falls man ihm welchen gab. Jeden Tag hörte er die Hauptmesse und las dabei die Passion. Nachmittags wohnte er – mit großer innerer Freude an der Musik – den gesungenen Vespern bei. Trotz seiner verschiedenen Schlafgelegenheiten verbrachte er lange Stunden des nächtlichen Gebets in der Kapelle Unserer lieben Frau von Viladordis, in der Dominikanerkirche, in der des Hospitals oder in einer Höhle, die er in der Nähe entdeckt hatte. Er verehrte die Wegkreuze und hielt beim Angelusläuten inne. Er betete sein Stundenbuch, den Rosenkranz und andere mündliche Gebete. Er besuchte das Hospital, wo er die Kranken wusch. Er beichtete und kommunizierte wöchentlich. Er kasteite seinen Körper mit Geißeln und Bußgürteln.«[8]

Hinzu kamen Skrupel, die ihn quälten. Sie ließen ihn sein vergangenes Leben in immer düstererem Licht erscheinen. Begleitet waren sie von Fragen nach seiner Zukunft, von Versuchungen gar, seinem Leben ein Ende zu machen. Da begann er, wie es im Pilgerbericht heißt, »mit lauten Worten zu Gott zu schreien und zu sagen: ›Komm mir zu Hilfe, Herr, denn ich finde keine Abhilfe bei den Menschen und bei keinem Geschöpf‹.« (BP 23)

Und er fand sie – jetzt, wo er ganz am Ende war, der Verzweiflung nahe, in einem Zustand der Ausweglosigkeit, wo nur ein Gott ihn retten konnte. Da wurde ihm zuteil, was nur wenigen zuteil wird, diesen aber, damit sie es uns weitersagen, damit sie uns helfen können in unserer eigenen Ausweglosigkeit, damit sie uns bezeugen können: es gibt eine Antwort, ich habe sie selbst gehört; es gibt auch in der Dunkelheit ein Licht, ich habe es selbst gesehen; es gibt bei allem Schmerz eine Freude, ich habe sie selbst verspürt; es gibt in aller Angst noch Hoffnung, ich habe sie selbst verkostet.

Er, der vielen nur als ein Mann des Willens und der Tat gilt, als Eroberer und Kämpfer, als Taktiker und Organisator, wird hier zum Mystiker. Nicht, weil er es gesucht, gewollt, auch nur erhofft hätte. Sondern weil Gott es wollte. Wie ein Gewitter brach es über ihn herein. Opfer war er, Gefäß, Geführter. Er selbst schreibt: »Und als er an einem Tag ... die Tagzeiten unserer Herrin betete, begann sich ihm der Verstand zu erheben, als sähe er die heiligste Dreifaltigkeit ..., und dies mit so vielen Tränen und so vielem Schluchzen, daß er nicht dagegen ankam.« (BP 28) Und weiter: »Einmal ging er ... zu einer Kirche, die etwas mehr als eine Meile von Manresa lag – ich glaube, sie heißt St. Paul – , und der Weg geht den Fluß entlang. Und während er so in seinen Andachten ging, setzte er sich ein wenig mit dem Gesicht zum Fluß, der in der Tiefe ging. Und als er so dasaß, begannen sich ihm die Augen des Verstandes zu öffnen. Und nicht, daß er irgendeine Vision gesehen hätte, sondern er verstand und erkannte viele Dinge, ebensosehr von geistlichen Dingen wie von Dingen des Glaubens und der Wissenschaft. Und dies mit einer so großen Erleuchtung, daß ihm alle Dinge neu erschienen... Und dies bedeutet, in so großem Maß mit erleuchtetem Verstand zu bleiben, daß ihm schien, als sei er ein anderer Mensch und habe eine andere Erkenntnisfähigkeit als er zuvor hatte.« (BP 30)[9]

Karl Rahner interpretiert das, was Ignatius widerfuhr, indem er Ignatius in einer fingierten Rede sagen läßt: »Ich habe Gott erfahren, den namenlosen und unergründlichen, schweigenden und doch nahen, in der Dreifaltigkeit seiner Zuwendung zu mir. Ich habe Gott erfahren auch und vor allem jenseits aller bildhaften Imagination. Ihn, der, wenn er so von sich aus in Gnade nahekommt, gar nicht mit etwas anderem verwechselt werden kann. Ich bin Gott, dem wahren und lebendigen, dem, der diesen alle Namen auslöschenden Namen verdient, wirklich begegnet... Gott selbst.«[10]

»In dieser Zeit«, schreibt Ignatius, »behandelte Gott ihn auf die gleiche Weise, wie ein Schullehrer ein Kind behandelt, wenn er es unterweist. Und sei es, daß dies wegen seiner Ungebildetheit und seines groben Verstandes war oder weil er niemanden hatte, der ihn unterwiesen hätte, oder wegen des festen Willens, den ihm Gott selbst gegeben hatte, ihm zu dienen: Er urteilte deutlich und hat immer geurteilt, daß Gott ihn auf diese Weise behandelte; ja, wenn er daran zweifelte, würde er meinen, gegen seine göttliche Majestät zu sündigen.« (BP 27)

Noch deutlicher wird Ignatius einige Abschnitte weiter: »Diese Dinge, die er sah, ... gaben ihm immer solche Bestätigung für den Glauben, daß er oft bei sich dachte: Wenn es keine Schrift gäbe, die uns in diesen Dingen des Glaubens unterwiese, würde er sich entschließen, für sie zu sterben, nur um dessentwillen, was er gesehen hat.« (BP 29)

So sehr ist Ignatius überzeugt von der Richtigkeit des Erfahrenen, daß er bereit ist, für diese seine Überzeugung zu sterben! Und so sehr ist er davon erfüllt, daß er unwiderstehlich gedrängt ist, anderen davon Mitteilung zu machen. Sie sollen doch wissen, daß Gott da ist, daß er lebendig ist, daß er dreifaltig einer ist, was konkret bedeutet: daß er Sichverschenken und Sich-beschenken-Lassen in einem ist, nämlich in der Liebe, die das Band, die Einheit, die Seligkeit zwischen den beiden Schenkenden und Sich-beschenken-Lassenden ist, und daß dieses Leben Gottes auch unser Zuhause ist, weil Gott doch die Welt geschaffen hat, damit er ihre Erfüllung ist, damit er auch ihr sich hingibt und sich von ihr beschenken läßt, damit er auch sie so liebt, wie der Vater seinen Sohn liebt und der Sohn den Vater. Weil aber Gottes Liebe zur Welt nicht an der Welt ablesbar ist und sie nicht einmal dann an ihr selbst ablesbar wäre, wenn die Welt nicht in den unbegreiflichen Abgrund der Bosheit gestürzt wäre, in dem sie sich befindet, darum kann nur Gott selbst in seinem Wort seine Liebe offenbaren – so wie man immer mit Worten sagen muß, daß man einen liebt, und wie der, dem das gesagt wird, aufgrund des ihm gesagten Wortes glauben muß (und glauben kann), daß er geliebt wird. Das will auch Ignatius weitersagen, weil es gesagt werden muß, damit die Menschen an ihr Geliebtwerden glauben (wie sollten sie auch sonst daran glauben können, wo doch allzuoft und allzusehr irdische Erfahrung dagegen spricht!) und damit sie so befreit werden von der Angst, die sie immer nur um sich selber kreisen und um ihr eigenes Schicksal fürchten läßt, und damit sie frei werden von dem Um-sich-selber-sich-sorgen-Müssen (– sich um sie sorgen tut doch der Allmächtige, der gesagt hat, daß er sie liebt!).[11]

Und darum schreibt Ignatius, »daß er sehr begierig war, über geistliche Dinge zu sprechen und Personen zu finden, die sie erfassen konnten«. (BP 34)

Konkret hieß das: Schon in Manresa begann Ignatius, »Exerzitien zu geben«, wie wir sagen würden, und aufzuschreiben, was er den Menschen zu sagen sich gedrängt fühlte und wie sie es aufnehmen und sich aneignen sollten. »Die kommenden Jahre sollten zeigen, daß hierin seine eigentliche Sendung zutage trat, ohne daß die mystischen Schauungen aufhörten.«[12]

Was Ignatius dabei den Menschen vermitteln wollte, hat er selber ausgedrückt in dem ersten Brief, der uns von ihm erhalten ist. Er ist geschrieben in Barcelona am Festtag des heiligen Nikolaus 1524 und gerichtet an Frau Ines Pascual in Manresa, eine der ersten Schülerinnen, denen er den Weg zu Gott zeigen wollte. Darin stehen die Sätze: »Es schien mir nur recht, Ihnen diesen Brief zu schreiben, weil ich Ihre frommen Wünsche kenne, dem Herrn zu dienen...; das müssen Sie immer tun und das Lob des Herrn allen anderen Dingen vorziehen. Dies um so mehr, als der Herr von Ihnen ja keineswegs Taten verlangt, die für Ihre Person schwer oder gar schädlich wären. Er will vielmehr, daß Sie in Freude vor ihm wandeln und dem Leib das geben, was ihm not tut.«[13]

Vor Gott wandeln – und das in Freude: Das eben sollte das Ziel der Exerzitien sein, die in Manresa ihre konkrete Form annahmen. Sie – diese »geistlichen Übungen« – wollen den Menschen zum vertrauten Gespräch mit Gott führen. Der Weg ist die Konfrontation mit dem eigenen Lebensschicksal und dadurch mit der Wahrheit und so letztlich mit Gott – und zugleich umgekehrt die Konfrontation mit Gott und im Angesicht dessen, der alles sieht und alles weiß und vor dem es kein Verstecken gibt, die Konfrontation mit dem eigenen Leben. Denn vor Gott allein komme ich zu mir selbst und zu meiner eigenen Wahrheit. Gott kann ich nicht betrügen, und vor Gottes Angesicht kann ich auch mich selber nicht betrügen. »Du, Herr, prüfst mich, und du kennst mich«, betet der Psalmist, »ob ich sitze oder stehe, weißt du von mir; von fern schon erkennst du meine Gedanken.« (Ps 139,1–2). Die Exerzitien sind auf diese Weise eine Schule des Gebetes, denn was anderes ist Beten als sich vor Gott stellen und sich bewußt werden, daß man vor Gott steht. Unverfälscht, echt, als man selbst vor Gott zu stehen, das ist das Ziel. Und einmünden tun die Exerzitien in das von Ignatius formulierte Gebet der Hingabe, welches lautet:

> *Nimm hin, o Herr,*
> *meine ganze Freiheit.*
> *Nimm an mein Gedächtnis,*
> *meinen Verstand,*
> *meinen ganzen Willen.*
> *Was ich habe und besitze,*
> *hast du mir geschenkt.*
> *Ich gebe es dir*
> *wieder ganz und gar zurück*
> *und überlasse alles dir,*
> *daß du es lenkst*
> *nach deinem Willen.*
> *Nur deine Liebe schenke mir*
> *mit deiner Gnade.*
> *Dann bin ich reich genug*
> *und suche nichts weiter.*[14]

Dieses Gebet ist modern und traditionell zugleich. Modern, weil es die menschliche Freiheit als Kern des Menschen selbst begreift und allem anderen, was er sonst noch ist und hat, voranstellt. Traditionell, weil es (mit Augustinus) die geistigen Vermögen des Menschen als die des Gedächtnisses, des Verstandes und des Willens begreift, Vermögen, denen die Tradition die Fähigkeit zu hoffen, zu glauben und zu lieben zuordnet, so daß Ignatius, indem er diese Vermögen Gott hingibt, zugleich darum bittet, daß er hoffe und glaube und liebe.

Manch einer mag erschrecken, wenn er dieses Gebet hört oder sieht. Aber erschrecken kann nur, wer vergißt, an wen sich dieses Gebet richtet. Ist der Adressat doch kein Fremder, sondern der eigentliche und einzige Grund meines Daseins, der Boden, auf dem ich stehe, und zugleich der Sinn und das Ziel meines Daseins, die Erklärung für alles ohne ihn Unerklärbare, der, der mich sein läßt, der, der mich will, der mich bejaht, der mich überhaupt erst zu mir selbst kommen läßt, der mich, je mehr ich mich ihm hingebe, um so mehr ich selbst sein läßt und der mich beglücken, erfüllen, beseligen will mit dem Größten und Schönsten und Erhabensten, was es gibt, nämlich mit sich selbst, seiner Lebensfülle, seiner Seligkeit, seiner Liebe. Welch ein Tausch!

Nun mag einer sagen: Wer soll das alles glauben? Wer kann das nachvollziehen? Ignatius konnte das vielleicht. Er war fest überzeugt, Gott begegnet zu sein. Aber wir? Wir haben Gott doch nicht gesehen. Wir kommen von unseren Zweifeln nicht los. Wir meinen, was wir nicht sehen, hören, riechen, schmecken, tasten, was wir noch nicht einmal mit unserem schlußfolgernden Denken erreichen können, das wäre auch nicht.

Aber eben das wollte Ignatius mit seinen Exerzitien erreichen: daß wir den, von dem wir nur zu oft meinen, er wäre nicht da, einfach nicht vorhanden, weil er ja tatsächlich nicht faßbar und nicht wie ein mathematischer Lehrsatz beweisbar ist, daß wir diesen Geheimnisvollen als anwesend, als uns ins Auge blickend und gleichzeitig als uns zuhörend, uns annehmend, uns in seine Arme schließend erfahren, daß wir wirklich Gott begegnen und Gott erfahren! »Was aber könnte«, so schreibt Karl Rahner, »für einen Christen in dieser heutigen Zeit unerläßlicher sein als eine solche Erfahrung, in einer Zeit, die wenige oder fast gar keine äußeren stabilisierenden Elemente für ein christliches Leben aufweist, und in der der persönliche, in einer letzten Freiheit und Unmittelbarkeit zu Gott realisierte Glaube praktisch eher die Kirche tragen muß, als diese ihn trägt? Wenn man gesagt hat, der Christ der Zukunft sei ein Mystiker oder er sei nicht, und wenn an diesem Wort etwas Wahres ist, dann ist eigentlich diese Schule einer unmittelbaren Gotteserfahrung in ihrer Bedeutung für die Zukunft ohne weiteres deutlich.«[15]

Dieses »Suscipe = Nimm hin« – das Gebet, das uns wie eine Quintessenz der Exerzitien erscheinen will und das darum auch an deren Ende steht, – entspricht dem »Fundament«, das Ignatius den Exerzitien vorangestellt hat. Dieses beginnt mit der Feststellung: »Der Mensch ist geschaffen dazu hin, Gott unseren Herrn zu loben, ihn zu verehren und ihm zu dienen.« Es folgt der Halbsatz: »und so seine Seele zu retten.«

Das Gebet »Suscipe – Nimm hin« ist tatsächlich ein Sich-zu-eigen-Machen dieses Fundaments: zuerst Gott loben – und dann die Frucht ernten: seine Seele retten; zuerst mit allem, was man ist und was man hat und was man kann, Gott sich hingeben – und so sich fähig machen, seine Liebe, seine Gnade, ja, ihn selbst zu empfangen.

Was das »Nimm hin« im Grunde meint, hat Edith Stein, die in Auschwitz ermordete Karmelschwester, mit ganz anderen Worten, aber darum doch nicht minder treffend so fomuliert: »Es muß so sein, daß man sich ohne menschliche Sicherung ganz in Gottes Hände legt« – das ist das erste, das entspricht dem »Nimm hin meine ganze Freiheit, das heißt mich selbst«; und ihm folgt als zweites in der Formulierung von Edith Stein: »um so tiefer und schöner ist dann die Geborgenheit«. – Das entspricht dem: »Nur deine Liebe schenke mir ..., nichts weiter«.[16]

Den gleichen Gedanken wie Edith Stein und damit auch wie Ignatius äußert eine altchinesische Erzählung. Sie mag zeigen, daß das Anliegen des Ignatius die Hoffnung aller Menschen ist. Sagt diese Erzählung doch genau das, was Ignatius mit seinem Suscipe meint, nämlich:»Lege deine Hand in die Hand Gottes – und du findest, was du brauchst und was dir frommt.«

Diese Erzählung lautet in ihrer Gänze:

> *Ich sagte zu dem Engel,*
> *der an der Pforte des neuen Jahres stand:*
> *Gib mir ein Licht,*
> *damit ich sicheren Fußes der Ungewißheit*
> *entgegengehen kann!*

> *Aber er antwortete:*
> *Gehe nur hin in die Dunkelheit*
> *und lege deine Hand in die Hand Gottes!*
> *Das ist besser als ein Licht*
> *und sicherer als ein bekannter Weg!*[17]

Teresa

Teresa von Avila –
ein Portrait aus der Rubensschule

Sie hat Visionen, hört Stimmen, erlebt Entrückungen, Verzückungen, Ekstasen. Man tuschelt über sie, raunt einander zu, sie sei womöglich von Sinnen oder eine von diesen alumbrados, die sich selbst für Gotterleuchtete hielten und die anderen verachteten. Dann wieder erschrickt man bei der Frage, ob sie womöglich nichts von alledem, sondern eine von Gott Heimgesuchte, ja, eine Heilige sei.

Sie selbst ist ratlos. Sie fragt ihre Beichtväter. Diese sind ebenso ratlos. Einige argwöhnen, daß der Teufel dahinterstecken könne. Sie verlangen gar von ihr, bei der nächsten Erscheinung den Vermaledeiten zu verfluchen. Schließlich wird sie aufgefordert, alles aufzuschreiben. Man müsse die Sache der Inquisition zur Prüfung vorlegen. Teresa kommt dieser Aufforderung nach. Sie schreibt ihr erstes Buch, ihre Autobiographie. Sie nennt sie das Buch von der Barmherzigkeit des Herrn.

Denn auch ohne das Urteil der Inquisition abzuwarten, ist ihr klar, ja zur unumstößlichen Gewißheit geworden: Gott selbst spricht zu ihr. Gott selbst ist ihr Gegenüber, ihr Gesprächspartner, ihr Freund. Gott selbst bindet sich an sie und sie an sich, um sie nie mehr loszulassen. Gott selbst verwandelt sie in seine ihm und nur ihm ganz und gar gehörende Braut.

Und je mehr sie sich an Gott band, um so mehr wurde sie sie selbst, um so menschlicher wurde sie – und um so sympathischer wurde sie ihren Mitmenschen. Gott ist doch kein Fremder. Er ist doch der, der sie geschaffen hat, der sie will, der sie trägt – der sie »sein« läßt, und das um so intensiver, um so mehr, um so echter, je mehr er sich ihr zuwendet. Teresa hat es erfahren. Und sie hat es bezeugt. Diese Frau, der Gott ihr ein und alles ist, lehrt uns, daß man um so mehr Mensch ist, je mehr man sich von seinem Schöpfer tragen und führen und durchdringen läßt. Und sie gewinnt die Herzen ihrer Mitwelt und besticht noch ihre Nachwelt bis ins zwanzigste Jahrhundert hinein gerade durch die Zeugnisse ihrer Menschlichkeit. An einen solchen Gott möchte man glauben, der aus Gotterfülltsein ein erfülltes Menschenleben erwachsen läßt, der sich nicht als Vernichter und Zerstörer, sondern als Vollender dessen erweist, was er geschaffen hat, der mit dem Menschen, den er an sich bindet, alles das in göttlichem Lichtglanz erstrahlen läßt, was die Welt des Menschen ist.

»Die Gotteserfahrung, die Teresa überwältigte und zu einer Lehrmeisterin des Gebetes machte, bestand weniger in Visionen oder außerordentlichen Vorgängen als in der Erfahrung, daß Gott in der Tiefe des Menschen wohnt, daß er sein ganzes Sein durchdringt und der Mensch erst wahrhaft Mensch wird, wenn er diesem Gott in seinem Innersten begegnet.« So sollte eines fernen Tages Waltraud Herbstrith von ihr schreiben[1].

Wer ist Teresa?

Es ist die, von der ihr Freund und Beichtvater Jerónimo Gracián schrieb: »Sie war von solcher Schönheit des Gemüts und Charakters, so freundlich, sanft und anmutig, daß sie alle nach sich zog, mit denen sie umging, weil sie sie liebten und schätzten.«[2]

Es ist die, von der ihr erster Biograph Francisco de Ribera SJ schrieb: »Wenn sie lächelte, wurden alle fröhlich.«[3]

Es ist die, von der der erste Herausgeber ihrer Schriften, der große Renaissancedichter und Theologe Fray Luis de León, schrieb, »daß sie die Herzen aller gewann, die ihr begegneten«.[4]

Es ist die, die ihre Nonnen aufforderte, »danach zu

trachten, liebenswürdig zu sein und denen, mit denen wir umgehen, zu gefallen«,[5] und die selber praktizierte, wozu sie andere aufforderte.

Es ist die, die all das gesagt und getan hat, was an Sprüchen, Anekdoten, Erinnerungen so liebevoll über die Jahrhunderte hinweg aufbewahrt und in Büchern von ihr und in Büchern über sie festgehalten wurde.

Hier einige Kostproben:

»Es wäre übel um uns bestellt, wenn wir erst dann Gott suchen könnten, nachdem wir der Welt schon abgestorben sind.« (v,323)[6]

»Bedenkt, daß der Herr auch in der Küche inmitten der Töpfe euch nahe ist.« (II,49)

»Als bei einem Besuche ihre Lieblingsspeise aufgetragen wurde und darob eine Laienschwester eine geringschätzige Bemerkung über diese heilige Person machte, gab sie ihr lachend die prachtvolle Antwort: ›Lobe lieber die Freundlichkeit deines Herrn und merke dir: wenn Rebhuhn, dann Rebhuhn, wenn Buße, dann Buße!‹[7]

Ihrem Beichtvater Pater Jerónimo Gracián schreibt sie: »Ich fürchte, dieses kleine Maultier ist nicht das richtige für meinen Pater, und ich meine, er sollte ein besseres kaufen. Wenn Sie zustimmen, könnte Ihnen jemand das Geld leihen, und wenn ich hier etwas bekomme, werde ich es Ihnen schicken. Daß man mir nur kein Tier kauft, das meinen Pater abwirft! Bei dem jetzigen Maultier macht mir das weniger Sorgen, weil es nicht hoch ist.«[8]

Ihr Ordensbruder Juan de la Miseria malte ein Bild von ihr, als sie bereits 61 Jahre alt war. Beim Betrachten dieses Meisterwerks sagte Teresa: »Gott verzeihe dir, Bruder Juan, erst hat du mich hier wahrhaft genug geplagt«, (weil sie ja, wie ihr Beichtvater Gracián ihr zur Buße aufgetragen hatte, ewig vor ihm hatte still sitzen müssen, damit er sie porträtiere) »und am Ende hast du mich so häßlich und triefäugig gemalt.«[9]

»Vor albernen Andachten bewahre uns Gott.«[10]

»Gott bewahre uns vor allzu betagten Beichtvätern.«[11]

»Ich liebe meinen geistlichen Vater, aber er hat ein unausstehliches Wesen.«[12]

»Von den Novizen verlangt sie Gesundheit und Verstand. Als man sich darüber verwunderte, erläutert sie: ‹Der Herr wird ihnen hier Frömmigkeit schenken; wir werden sie das innere Gebet lehren. Aber ein guter Verstand? Wir sind nicht in der Lage, ihn ihnen einzurichten!«[13]

»Es ist kein kleines Kreuz, seinen Verstand dem zu unterwerfen, der keinen hat. Ich habe das nie vermocht, und es scheint mir auch nicht richtig zu sein.«[14]

Bei ihren Reisen, die sie unternahm, um in ganz Spanien Klöster zu gründen, geriet sie nicht selten in Gefahr. Einmal, als es galt, einen über die Ufer getretenen Fluß auf einer Behelfsbrücke zu überqueren, und sie von der Strömung fortgerissen zu werden drohte, rief sie Gott um Hilfe. Gottes Stimme antwortete ihr: »Teresa, so behandle ich meine Freunde.« Ihre Antwort: »Deswegen hast du auch so wenige.«[15]

Sie mußte viele Vorurteile der damaligen Gesellschaft und der damaligen Kirche gegenüber den Frauen überwinden. Selbstsicher schreibt sie ihrem Ordensgeneral: »Beachten Sie ..., daß wir Frauenspersonen, wenn wir auch nicht zu Ratgebern geeignet sind, doch manchmal das Richtige treffen.«[16] Und in ihrer Autobiographie schreibt sie: »Als ich über den Sinn der Worte des hl. Paulus, die Zurückgezogenheit der Frauen betreffend, nachdachte – es war mir dies schon oft vorgehalten worden, noch ehe ich den Ausspruch des Apostels gehört hatte – , fiel mir ein, ob dies nicht etwa auch bei mir Gottes Wille wäre. Da sprach der Herr zu mir: ›Sage ihnen, sie sollten sich nicht bloß auf *einen* Ausspruch der Heiligen Schrift berufen, sondern auch die anderen Stellen einsehen.‹« (I 475)

Dazu noch ein weiteres Wort Teresas: »Herr meiner Seele! Als du noch in dieser Welt wandeltest, hast du den Frauen immer deine besondere Zuneigung bewiesen. Fandest du doch in ihnen nicht weniger Liebe, aber mehr Glauben als bei den Männern. Auch befand sich ja unter ihnen deine heilige Mutter, deren Verdienste uns zukommen und deren Habit wir tragen. Die Welt irrt, wenn sie von uns verlangt, daß wir nicht öffentlich für dich wirken dürfen, noch Wahrheiten aussprechen, um deretwillen wir im Geheimen weinen, und daß du, Herr, unsere gerechten Bitten nicht erhören würdest. Ich glaube das nicht, denn ich kenne deine Güte und Gerechtigkeit, der du kein Richter bist wie die Richter dieser Welt, die Kinder Adams; kurz, nichts als Männer, die meinen, jede gute Fähigkeit bei einer Frau verdächtigen zu müssen. Aber es wird der Tag kommen, mein König, wo dieses alles bekannt wird. Ich spreche hier nicht für mich selbst, denn die Welt kennt meine Schlechtigkeit, und das ist mir lieb. Doch sehe ich die Zeit kommen, da man starke und zu allem Guten begabte Geister nicht mehr zurückstößt, nur weil es sich um Frauen handelt.«[17] Zur vollen Menschlichkeit gehörte für sie eben auch volle Fraulichkeit und die Anerkennung der Tatsache, daß die Frau ebenso wie der Mann nach Gottes Ebenbild geschaffen ist – ob die Männer das wahrhaben wollen oder nicht.

So viel Natürlichkeit, Unverkrampftheit, Selbstsicherheit konnte nicht ohne Wirkung bleiben – erst recht nicht bei denen, die sich über die Herkunft, den tragenden Grund, die Quelle einer solchen Haltung Rechnung gaben. Der Nuntius hatte sie zunächst eine herumstreunende Landstreicherin gescholten, die ungehorsam sei und verstockt. »Ihn hatte Gott, wie es scheint, gesandt, um uns im Leiden zu prüfen«, schreibt Teresa in ihrem Buch der Klosterstiftungen (II, 224). Doch zum Schluß setzte er sich selbst dafür ein, daß Teresas Herzenswunsch in Erfüllung ging und die von ihr gewollte Reform vom Papst anerkannt wurde. Die Inquisitionsbehörden fanden nichts in ihren Schriften, das zu beanstanden wäre. Die Beichtväter erkannten in ihr die Größere, die von Gott mehr wußte, als die theologischen Lehrbücher hergaben. Ganz Spanien begann, sie zu verehren. Wenn sie in ihren letzten Lebensjahren eine Stadt betrat, schmückten die Bewohner gar oft Straßen, Plätze, Häuser und strömten in Scharen zusammen.

1582 starb Teresa. Sechs Jahre später schrieb Fray Luis de León, warum sie menschlich so anziehend war: »Die Mutter Teresa war heilig, überaus heilig.«[18]

1614 wurde Teresa auch offiziell seliggesprochen. (Eine Flotte von 70 Galeeren überbrachte diese Nachricht nach Spanien.) 1622 wurde sie heiliggesprochen – zusammen mit Ignatius von Loyola. Und 1970 hat Papst Paul VI. ihr – als erster Frau – den Titel eines Kirchenlehrers verliehen oder besser – wie er selbst es formulierte – »anerkannt, daß dieser Titel ihr gebührt«.[19]

Das aber heißt doch: anerkannt, daß diese »einmalige und doch so menschliche und anziehende Persönlichkeit« (auch das sagte der Papst)

uns Lehrerin ist, nein, nicht »auch« uns, sondern »gerade« uns gebeutelten Kindern dieses ausgehenden 20. Jahrhunderts, die wir Teresas ungebrochenen Glauben an Gottes Existenz, an seine Allmacht und an seine Güte kaum noch zu teilen vermögen,

uns, die wir ein Leben voller Angst und Leid und zerronnener Hoffnungen führen,

uns, die wir versucht sind, die notgeborenen Worte des Propheten Habakuk uns zu eigen zu machen »Ich schreie,
doch du, du hörst mich nicht. Ich rufe laut, doch du, du
rettest nicht. Du siehst der Qual nur zu.« (Hab 1,2f.)

Wir sollen, dürfen, können uns, so meint der Papst, von
Teresa belehren, von ihrem Optimismus anstecken, von
ihrer Sicherheit tragen lassen. Wir sollen, dürfen, können
uns von ihr durch die Dunkelheiten dieses Lebens führen
lassen, ihren Spuren nachgehen, die Orte aufsuchen, die
von ihrem Leben erzählen und dort ihrer Stimme lauschen:

in Avila, wo sie geboren war, wo sie Nonne wurde, wo sie
ein neues Kloster gründete;

in Medina del Campo, wo sie ihre fünfzehnjährige Klostergründungstätigkeit begann, die sie durch ganz Spanien
führte, von Salamanca bis nach Granada, von Sevilla bis
nach Burgos;

in Alba de Tormes, wo sie heimging zu dem Gott, den sie
als ihren treuesten und zuverlässigsten Freund erfahren
hatte.

Blick auf die 2,5 Kilometer lange, 12 Meter hohe und 3 Meter breite Stadtmauer, die mit ihren 9 Toren und 88 Türmen Avila, die Ge-

Avila

Avila, auf der Hochebene von Kastilien gelegen, nacheinander von Römern, Westgoten, Arabern besetzt, schon im 10. Jahrhundert von den christlichen Spaniern zurückerobert, seit dem 11. Jahrhundert von einer hohen, 2526 Meter langen Stadtmauer umschlossen, reich an mittelalterlichen Kirchen, Klöstern, Adelspalästen, heute (mit ca. 35 000 Einwohnern gegenüber ca. 1000 zur Zeit Teresas) Hauptstadt der gleichnamigen Provinz, Sitz eines Bischofs – und Stadt lebendiger Erinnerungen.

Hier wurde sie geboren

Hier, in dieser Stadt, stand Teresas Elternhaus. (Es wurde schon im 17. Jahrhundert abgerissen. Heute steht an seiner

burtsstadt Teresas, umschließt. König Alfons VI. von Kastilien (1072–1109) hatte sie zum Schutz gegen die Mauren errichten lassen.

Stelle eine barocke Klosterkirche, genannt »La Santa«.) Ihr Vater, Sohn eines konvertierten Juden, mußte um seinen Adelstitel – de Cepeda – kämpfen. Ihre Mutter, aus altkastilischem Adel, hieß Ahumada, die Geräucherte. Einer ihrer Vorfahren war im Kampf gegen die Mauren in einer Burg eingeschlossen. Er zündete diese an, um sich nicht ergeben zu müssen. Doch er kam mit dem Leben davon – zum Glück, denn sonst gäbe es keine Santa Teresa. 1515, am 28. März, wurde sie geboren – 23 Jahre nach der Entdeckung Amerikas, zwei Jahre vor dem Thesenanschlag Luthers wider den Ablaßmißbrauch. Teresa de Cepeda y Ahumada war ihr Name.

Herausragendes Ereignis ihrer Kindheit: Sie nahm, sechs Jahre alt, zusammen mit ihrem zehnjährigen Bruder Rodrigo Reißaus. Sie wollte gegen die Mauren kämpfen, das Martyrium erleiden und auf diese Weise sofort in den Himmel kommen. Ein Onkel fand die Ausreißer und brachte sie zurück nach Hause.

Dieses Elternhaus war vornehm, reich, kultiviert. Teresa war hübsch, attraktiv, charmant. Sie lernte lesen und schreiben – damals für Frauen alles andere als eine Selbstverständlichkeit. Sie lernte aber vor allem reiten und Feste feiern, dieses zusammen mit ihren zahlreichen Geschwistern und Vettern und Kusinen. Sie las – wie ihre Mutter – nichts lieber als Ritterromane. Der Vater dagegen hielt sie an, fromme Bücher zu lesen, Heiligenlegenden, biblische Geschichten.

Mit 13 Jahren verlor Teresa ihre Mutter. Drei Jahre später gibt der Vater sie in ein von Augustinerinnen geleitetes Internat. Dort wird sie krank. Sie muß zurück, zunächst zu ihrem Vater, dann in das Haus eines Onkels, der ihr Schriften der Kirchenväter zu lesen gibt, schließlich wieder zu ihrem Vater.

Hier ging sie ins Kloster

20 Jahre alt war sie inzwischen. Da verließ sie erneut das Vaterhaus. Sie wollte Nonne werden. Der Grund? Ganz einfach: Furcht vor der Hölle und Hoffnung auf den Himmel. Und da wollte sie kein Risiko eingehen. Sie selber schreibt: »Die Leiden und Entbehrungen eines Lebens im Kloster konnten nicht größer sein als die des Fegfeuers; da ich aber die Hölle verdient hatte, bedeutete es nicht viel, dort wie in einem Fegfeuer zu leben, da ich ja nachher direkt in den Himmel kommen würde, was ja mein Wunsch war. Bei diesen Überlegungen, ins Kloster zu gehen, bestimmte mich meiner Meinung nach mehr knechtische Furcht als Liebe.«[20]

Sie wählte das Kloster »Unserer lieben Frau von der Menschwerdung«, eher ein frommes Damenstift als ein

Das Kloster »Unserer lieben Frau von der Menschwerdung« in Avila

Kloster, zwar dem Orden unserer lieben Frau vom Berge
Karmel angeschlossen, aber doch ohne Klausur. Die Nonnen gingen ein und aus, empfingen Besuche und machten
Besuche, unterhielten zum Teil gar eigene Dienerschaft
und waren halb Damen von Welt, halb Gott durch Gelübde
(die gab es) verpflichtet. Teresa fühlte sich entsprechend
hin- und hergerissen, wurde obendrein noch krank – jahre-
lang –, und das so sehr, daß man schon ihr Grab schaufelte.
Sie war todunglücklich und berichtet darüber selbst:

»Ich kann sagen, daß diese Lebensweise eine der peinlich-
sten ist, die man sich meines Erachtens denken kann. Ich
fand keinen Genuß in Gott und hatte auch keine Freude an
der Welt. Gab ich mich weltlichen Vergnügungen hin, so
peinigte mich die Erinnerung an das, was ich Gott schuldig
wäre; beschäftigte ich mich mit Gott, so ließen mir die
weltlichen Neigungen keine Ruhe. Das ist ein so harter

Kampf, daß ich nicht weiß, wie ich ihn einen Monat, geschweige denn so viel Jahre aushalten konnte.« (1, 86)

Viele Jahre? »Mehr als achtzehn Jahre habe ich in jenem Kampf und Streit zugebracht, in dem ich es mit Gott und der Welt zugleich hielt.« (1, 87)

Doch dann kam die Wende: »Meine Seele war also bereits müde, und gern wäre sie zur Ruhe gekommen, aber ihre bösen Gewohnheiten ließen es nicht zu. Als ich nun eines Tages ins Oratorium ging, da geschah es, daß mein Blick auf ein Bild fiel, das für ein gewisses Fest des Klosters entlehnt und dorthin zur Aufbewahrung gebracht worden war. Dieses Bild stellte Christus mit vielen Wunden bedeckt dar und war so andachterweckend, daß ich bei dessen Betrachtung ganz darüber bestürzt wurde, den Heiland so zugerichtet zu erblicken; denn es war hier lebendig zum Ausdruck gebracht, was er für uns gelitten. Bei dem Gedanken an die Undankbarkeit, womit ich ihm diese Wunden vergolten, war mein Schmerz so groß, daß mir das Herz zu brechen schien. Ich warf mich vor ihm nieder, und indem ich einen Strom von Tränen vergoß, bat ich ihn, er möge mich doch endlich einmal stärken, damit ich ihn nicht mehr beleidige.« (1, 93)

Das war ihr Damaskus-Erlebnis, ihre Bekehrung, der Beginn eines neuen Lebens. Und diesen Beginn markierte eine neue Sicht des Leidens, der Widrigkeiten und Dunkelheiten dieses Lebens. Leiden ist für sie fortan Mit-Leiden mit Jesus, dem Gekreuzigten. Sie erfuhr, erlitt, verinnerlichte, was ein Kirchengebet der Osterzeit (zum Montag nach dem 4. Ostersonntag) so formuliert: »O Gott, durch die Erniedrigung deines Sohnes hast du die darniederliegende Welt aufgerichtet.« So herum! Gott hat nicht Leid und Tod von dieser Erde weggenommen. Leid und Tod ist jetzt das, was Jesus getragen hat. Der Fluch, der von Anfang an auf dieser Erde lastet und der allem Geschaffenen

Not und Tod und Untergang beschert, ist in Segen verwandelt. Not und Tod und Untergang sind geblieben. Aber sie sind jetzt Nachfolge Christi und darum Heimweg zu Gott. Das Los dieser Erde und dieses Erdenlebens ist von Anfang an und für alle Zeiten, den Sinn nicht in sich selbst zu haben, sondern unerfüllt ins Leere zu laufen. Doch seit Gottes Sohn dieses Los auf sich genommen hat, ist dieses Schicksal der Unerfülltheit, der Ausweglosigkeit, des Leidenmüssens der Weg Jesu, das aber heißt: Weg zum Heil.

Das ist die Botschaft Teresas, weil es die Botschaft des Christentums ist, die aber immer neu dem Vergessen, nein: dem Verdrängtwerden entrissen werden muß. Teresa tut es, indem sie schreibt:

»Erhebet eure Augen zu dem Gekreuzigten, und alles wird euch leicht werden.« (v, 225)

»Wir wissen ja, wie gerade jene, die Christus, unserem Herrn, am nächsten standen, immer auch die größten Leiden zu erdulden hatten. Betrachten wir nur die Leiden seiner glorreichen Mutter und der glorwürdigen Apostel!« (v, 223)

»Bringen wir in der kurzen Zeit unserer Lebensdauer, die vielleicht noch kürzer ist, als wir denken, innerlich und äußerlich dem Herrn das Opfer dar, das wir zu bringen imstande sind. Seine Majestät wird es vereinigen mit dem Opfer, das sie für uns am Kreuze dem Vater dargebracht hat.« (v, 229)

»Seid ihr in Leiden und betrübt, so seht ihn an im Garten am Ölberge! Welch große Traurigkeit erfüllte dort seine Seele, da er, die Geduld selbst, klagend sein Leid kundgab! Oder seht ihn an, wie er aus großer Liebe zu euch, ganz zerfleischt und voll der Schmerzen, gebunden an der Säule steht! Ach, wie vieles leidet er! Verfolgt von den einen, angespien von den anderen, verleugnet und verlassen von seinen Freunden, hat er niemand, der sich seiner annimmt.

Er starrt vor Kälte und ist so allein, daß ihr euch wohl beiderseitig trösten könnt. Oder seht ihn an, wie er mit dem Kreuze beladen einhergeht und wie man ihn nicht einmal Atem schöpfen läßt! Mit seinen schönen, mitleidsvollen, tränenerfüllten Augen wird er auch euch anblicken und seiner eigenen Schmerzen vergessend euch trösten bei euren Leiden, nur weil ihr bei ihm Trost sucht und euren Blick ihm zuwendet, um ihn anzusehen.« (VI, 134f.)

»Wie schäme ich mich, o Herr, da ich dich so Entsetzliches leiden sehe! Gerne will ich alle Leiden tragen, die über mich kommen mögen; ich will sie als ein großes Gut betrachten, das mir den Vorteil gewährt, dich wenigstens einigermaßen nachzuahmen. Laß uns, o Herr, miteinander gehen; wohin du gehst, dahin will auch ich gehen! Wohin du das Kreuz trägst, dahin will ich es mittragen.« (vi, 135)

»Mit einem so guten Freund an der Seite, mit einem so kundigen Führer, der auch im Leiden vorausging, kann man alles durchstehen. Er hilft und stärkt zugleich; er versagt nie, er ist ein wahrer Freund!«[21]

»Bei Verhandlungen, Verfolgungen und Leiden ist Christus ... ein ganz guter Freund, da wir ihn als Mensch betrachten und ihn vielerlei Schwachheiten und Mühen unterworfen sehen, und so ist er uns ein Gefährte.«[22]

»Ich erinnere mich, daß ein Ordensmann mir erzählte, er habe den festen Entschluß und Vorsatz gefaßt, nie zu widersprechen, so mühevoll auch das Werk sei, das der Obere ihm auftrage. Eines Tages nun kam er spät abends von der Arbeit sehr ermüdet heim, so daß er sich kaum aufrecht halten konnte. Er wollte eben ausruhen und sich ein wenig niedersetzen, als ihn sein Oberer traf und ihm den Auftrag gab, den Spaten zu nehmen und im Gemüsegarten zu graben. Obwohl sich seine Natur sehr dagegen sträubte, da er sich vor Mattigkeit nicht aufrecht halten konnte, sagte er doch kein Wort und nahm den Spaten. Als

er eben durch einen im Garten sich befindlichen Gang gehen wollte, erschien ihm unser Herr mit dem Kreuze auf
den Schultern, überaus ermüdet und ermattet und gab ihm
zu verstehen, daß seine Ermüdung nicht im Verhältnis
stehe zu seiner eigenen Erschöpfung.« (II, 49)

»Ihr glaubt doch an Christus, der sein Kreuz trug.
Warum denkt Ihr nicht daran, daß Seine Majestät Euch an
den Leiden teilhaben lassen möchte, die er erduldet hat, als
er das Kreuz auf seinem Rücken trug?«[23]

»Da ist nun Christus ein sehr guter Freund für uns; denn
wir sehen ihn als Menschen, wir sehen ihn in Schwachheit
und Leiden, wir haben ihn also zum Gefährten.« (I, 210)

»Die Leiden des Paters Johannes vom Kreuz gehen mir
sehr zu Herzen. Wenn sie nur nicht wieder eine neue Ver-
leumdung gegen ihn erheben! Gott verfährt doch recht
schrecklich mit seinen Freunden; allein er tut ihnen in
Wahrheit nicht Unrecht, weil er ebenso auch mit seinem
Sohn verfahren ist.« (III, 622)

»Auf dem Wege, den Christus gegangen ist, müssen alle
wandeln, die ihm nachfolgen, wenn sie nicht verlorengehen
wollen.« (I, 108)

»Ich will leiden, o Herr, weil auch du gelitten hast.« (I,
112)

»Mögen auch noch so viele Trübsale und Verfolgungen
über uns hereinbrechen; wenn wir sie so dulden, daß wir den
Herrn nicht beleidigen, sondern uns um seinetwillen darüber
freuen, so sind sie uns der größte Gewinn.« (I, 291)

»Der Herr will manchmal, daß wir im Dunkeln wandeln
und das Licht nicht sehen.« (I, 378)

»Er verschaffe uns recht viel Gelegenheit zu leiden, und
sei es auch nur durch Plagen von Flöhen, von Poltergei-
stern und Reisebeschwerden.« (III, 147)

Teresa schreibt keine theologischen Traktate. Sie
schreibt, was sie denkt, was sie fühlt, was sie erfährt, ja,

erfährt. Denn der Schmerzensmann, dessen Abbild sie so aus der Fassung gebracht hatte, daß sie umkehrte und wie neu geboren war, dieser Schmerzensmann fuhr fort, ihr zu erscheinen, nicht in einem Bild, sondern – davon ist Teresa überzeugt – als der Auferstandene und bei Gott und darum auch bei uns Lebenden, als einer, der anwesend ist, der zu uns sprechen kann und mit dem wir sprechen können, als unser Gegenüber, unser Du, vor uns stehend, mit uns gehend, in uns lebend. Teresa weiß nicht, wie sie es beschreiben soll. Aber sie weiß, daß es so ist – mögen auch andere, selbst die Beichtväter, daran zweifeln, darüber spotten, das nicht für möglich halten: Ihr Jesus ist da, und Teresa bezeugt, was sie erfahren hat, wenn sie schreibt:

»Während die Seele an den Empfang einer solchen Gnade gar nicht denkt und nicht einmal den Gedanken hegt, sie zu verdienen, kommt es vor, daß sie neben sich Jesus Christus, unseren Herrn, gewahrt, obschon sie ihn weder mit den Augen des Leibes noch mit den Augen der Seele sieht.« (v, 174)

»Wir waren alle zum Chorgebet versammelt, da zog sich plötzlich meine Seele ins Innere zurück; sie erschien mir wie ein ganz leuchtender Spiegel, nicht mit Rahmen oder Rückseite, sondern nur Klarheit, und in der Mitte zeigte sich mir Christus, unser Herr, so wie ich ihn immer sehe. Es war mir, als sähe ich ihn deutlich in allen Teilen meiner Seele gespiegelt, und zugleich formte sich dieser Spiegel in einem höchst liebevollen Empfinden zur Gestalt unseres Herrn – ich weiß nicht, wie ich das ausdrücken soll.«[24]

»Es geschah mir einige Male, wenn es auch nur von kurzer Dauer war, daß ich dieses Bewußtsein der Anwesenheit Christi hatte. Auch beim Lesen überkam mich plötzlich das Gefühl der Gegenwart Gottes so stark, daß ich nicht zweifeln konnte, daß er in mir war und ich ganz versenkt in ihn... Es ist, als würde dabei die Seele über

Denkmal für Teresa in ihrer Geburtsstadt Avila

sich hinausgetragen. Das Gedächtnis scheint gar nicht mehr vorhanden, der Verstand stellt das Denken ein, bleibt aber, wie mir scheint, vorhanden. Ich meine, er wirkt nicht, sondern steht staunend vor dem Übermaß dessen, was ihm zu verstehen gegeben ist. Gott will, daß er verstehe, wie unverstehbar das ist, was seine Majestät ihm vorstellt.«[25]

»Die arme Seele weiß nicht, was ihr zustoßen wird... Diese Entrückung in der Ekstase tut sich kund wie ein plötzlicher Anruf Seiner Majestät an das Innerste der Seele.«[26]

»Man kann vielleicht sagen, daß er ebenso da ist, wie wir im Dunkeln wissen, daß jemand neben uns steht. So ist es ein wenig. Doch nicht genau so. Es ist eher wie eine Neuigkeit, die der Seele mitgeteilt wird, eine Ankündigung, die heller ist als die Sonne. Freilich sehen wir keine Sonne und auch keine Helligkeit, und doch erleuchtet ein Licht unsere Einsicht, ohne uns als ein Licht aufzufallen; so macht es die Seele bereit, solch ein großes Glück zu genießen.«[27]

Teresas Antwort auf die Frage nach dem Sinn des Leidens ist nicht mehr: Auch er hat gelitten, der Mann aus Nazaret, der Gottes Sohn war, Gott unter uns, der, in dem Gott einer von uns geworden war. Ihre Antwort lautet vielmehr: Du hast gelitten, du, der du lebendig vor mir stehst, du, der du mich liebst, mich, die arme Teresa, die nicht weiß, wieso sie das verdient hat, du, den auch ich, Teresa, liebe, liebe mit allen Fasern meines Herzens, liebe voller Hingabe; du, du hast gelitten – und das für mich; und wenn ich leide, vereinige ich mich mit dir, bin ich noch mehr dein, und du bist noch mehr mein, du, mein Herr, mein Bruder, mein Bräutigam, mein alles.

Das Kloster San José
(Zeichnung von Hye Hoys, 1866–1867)

Hier gründete sie ein neues Kloster

Je mehr Teresa die lebendige Gegenwart des Gekreuzigten und Auferstandenen erfuhr, desto mehr drängte es sie, daß der, der für sie der Herr (Seine Majestät, wie sie sagte,) und zugleich der liebende und geliebte Freund war, auch für andere der Herr und der Freund werde. Mit anderen Worten: daß sein Name geheiligt werde und daß sein Reich komme; daß er verehrt und angebetet werde und daß möglichst viele seine Güte erführen oder, wie die ihr geläufige und uns fremd gewordene Redewendung hieß, daß möglichst viele Seelen gerettet würden.

Ganz betroffen war sie, als sie von dem Wirken der Lutheraner in Deutschland erfuhr. Den Nachrichten, die davon in Spanien kursierten, glaubte sie entnehmen zu müssen, daß dadurch das ewige Heil vieler Christen gefährdet sei. Sie selbst berichtet von einer »Höllenvision« und dem außerordentlichen Schmerz, den sie dabei über so viele Seelen empfand, die der ewigen Verdammnis entgegengehen, namentlich – so glaubte sie und so schrieb sie wörtlich – »über jene Lutheraner, die durch die Taufe schon Glieder der Kirche waren«. Und sie fährt fort:»Daher kommen auch jene mächtigen Antriebe, den Seelen zu helfen.« (I, 313)

Während sie selbst ins Menschwerdungskloster gegangen war vor allem um ihres eigenen Seelenheiles willen, wird sie sich nunmehr der Verantwortung für die anderen immer mehr bewußt. »Ich fühlte« – so schreibt sie selbst – »ich würde tausendmal mein Leben geben zur Rettung einer einzigen Seele unter den vielen, die ich verloren sah. Doch als Weib, und kein gutes, ... beschloß ich, das wenige zu tun, das mir möglich ist, nämlich den evangelischen Räten nach bestem Vermögen zu folgen.«[28]

Dafür aber schien ihr das Menschwerdungskloster nicht der richtige Ort zu sein. Sie sprach darüber mit anderen. Der Gedanke kam auf, mit Gleichgesinnten ein neues Kloster zu gründen, etwa nach Art der Clarissen, »um des Herren Ehre und Glorie mehr zu fördern und etwas zum Heile der Seelen beizutragen« (III, 72), wie sie es jetzt als ihre Lebensaufgabe betrachtete. Der Gedanke konkretisierte sich, als Teresa erfuhr, daß die Regel des Klosters, in dem sie lebte, gar nicht die ursprüngliche des Karmelordens war, sondern eine später mit päpstlicher Erlaubnis abgemilderte. Die ursprüngliche dagegen war in Vergessenheit geraten. Patriarch Albert von Jerusalem hatte sie zu Beginn des 13. Jahrhunderts den Eremiten verliehen, die auf dem Berge Karmel ein Leben der Zurückgezogenheit und des Gebetes führten, und nach dieser (von Papst Innozenz IV. allerdings 1247 schon einmal gemilderten) Regel wurden auch in Europa zahlreiche Klöster gegründet. Diese Regel wollte Teresa befolgen.

Ihre Absicht wurde für sie zur Verpflichtung, als sie in einer Vision erfuhr, daß dieses Gottes Wille sei. »Als ich nun eines Tages kommuniziert hatte, gebot mir der Herr ernstlich, mit allen Kräften diese Angelegenheit zu betreiben. Dabei gab er mir große Verheißungen und sagte, daß die Errichtung des Klosters nicht unterbleiben werde und ihm darin sehr eifrig gedient werden würde. Es sollte zum heiligen Joseph genannt werden. Dieser Heilige werde an dem einen Tore, unsere liebe Frau an dem anderen über uns wachen, und mitten unter uns werde Christus wohnen ... Diese Vision machte einen gewaltigen Eindruck auf mich; und die Worte des Herrn waren derart, daß ich nicht daran zweifeln konnte, er selbst sei es gewesen.« (I, 316f.)

Einstmals war es Abraham, der Gott bat, um der wenigen Gerechten willen Sodom und Gomorra zu verschonen. Jetzt schreibt Teresa – ihrer Sendung bewußt –: »Denn was würde sonst aus der Welt werden, wenn Gott ihrer nicht um der Ordensleute willen schonte?« (I, 316) Sie will den Weg, den sie geht, für die anderen gehen. Darum betet sie: »Herr, liebe jene, die dich nicht lieben; öffne jenen die Tür, die dich nicht rufen.« (V, 304)[29] Sie will den Herrn bestürmen »mit ihrem Gebete für die vielen Seelen, deren Verderben ihr leid tut«. (II, 47) »Oh, ich bitte euch um der Liebe Gottes willen, in eueren Gebeten allzeit jener Seelen zu gedenken, die sich im Stande der Todsünde befinden!« (V, 201)[30]

Erika Lorenz bemerkt dazu: »Unsere heutige Zeit vermag immer wieder in Teresa von Avila eine Heilige nach ihrem Herzen zu erkennen, weil ihr die Gottesliebe zum ›sozialen Engagement‹ geriet. Das ist einerseits richtig, es geht Teresa nicht um das persönliche Seelenheil, sondern um das ihrer Mitmenschen. Aber hier zeigt sich auch schon der Unterschied: Sie will nicht allgemeinen Wohlstand schaffen in der Welt, sondern die Gottverlorenheit, die Heillosigkeit dieses Lebens zurückführen, rückbinden an seinen in Ewigkeit rettenden Ursprung.«[31]

Das Kloster der heiligen Teresa (Convento de Santa Teresa) und die
dazu gehörende Kirche wurden nach dem Tode Teresas an der Stelle
erbaut, wo sich einst ihr Geburtshaus befand. Es liegt in unmit-
telbarer Nähe des Stadttores, das heute ihren Namen trägt: Puerto
de Santa Teresa. Der Convento de Santa Teresa ist also nicht das
Kloster, in dem Teresa selbst in Avila Nonne war, sondern das
Menschwerdungskloster und das Kloster San José.

Teresa selbst bestätigt das mit den Worten: »O meine Schwestern in Christus! Helft mir, das von ihm zu erflehen! Aus diesem Grund versammelte euch der Herr hier; das ist eure Berufung; darin soll eure Beschäftigung bestehen; das haben eure Wünsche zu sein; dafür sollen eure Tränen fließen, und darum sollt ihr beten, und nicht, meine Schwestern, um Dinge dieser Welt hier, worüber ich lache und zugleich betrübt bin, wenn man so etwas unserem Gebet empfiehlt, so daß wir schließlich Gott bei Geschäften, in Rechtshändeln und um Geld bitten sollen...«[32]

»Teresa sieht Sinn und Ziel ihrer Gründung im Einsatz für die bedrängte Kirche«, kommentiert Ulrich Dobhan[33] und zitiert dazu auch dieses Wort von Teresa: »Die Welt steht in Flammen, sie wollen Christus gleichsam zum zweiten Mal verurteilen, denn Tausende von Zeugen erheben sich gegen ihn und wollen seine Werke zu Boden stürzen. Und da sollen wir Zeit verlieren mit Dingen, bei deren Gewährung wir vielleicht eine Seele weniger im Himmel haben könnten? Nein, meine Schwestern, nun ist keine Zeit, mit Gott über unwichtige Dinge zu verhandeln. Sicher... wäre es mir die größte Freude, wenn man einsähe, daß nicht das die Dinge sind, um die man in San José Gott bitten soll.«[34]

»Sie verstand – so schreibt Josef Sudbrack zusammenfassend[35] – ihr kontemplatives Leben, ihre Zurückgezogenheit in die karmelitische Einsamkeit als ein Apostolat des Betens für die Menschen, als einen Dienst am christlichen Glauben, am Heil der Mitmenschen, an der katholischen Kirche.«

Deshalb überwand sie alle Schwierigkeiten, die der Gründung des neuen Klosters entgegenstanden: Eifersucht und spöttische Reden so mancher ihrer Mitschwestern; Versuche des Bürgermeisters von Avila, die Gründung zu verhindern (»Bettler haben wir genug«), Aufregung innerhalb des Karmelordens und der kirchlichen Hierarchie.

Teresa schaffte es aber, die Zustimmung des Bischofs von Avila und ihres Ordensprovinzials zu erhalten. Und am 24. August 1562 wurde das Kloster gegründet. Es erhielt den Namen Sankt Joseph. So hieß der, dessen Aufgabe es war, Maria und Jesus zu beschützen. Teresa nennt sich von Stund an Teresa von Jesus: Ihm nur will sie gehören! –

So wie die Jünger einst zu Jesus sagten »Herr, lehre uns beten«, so baten auch die Schwestern des neugegründeten Klosters San José Teresa, sie das Beten zu lehren.

Teresa bekennt: »Ich bin weder willens noch fähig, unumstößliche Regeln für das Gebet aufzustellen.«[36] Sie weiß aber auch, daß das Gebet Aufgabe und Berufung eines jeden Christen und erst recht ihrer Nonnen ist. Darum hatte sie schon in ihrer Autobiographie ausführlich und immer wieder über das Beten geschrieben. Aber dieses Buch lag den Inquisitionsbehörden noch zur Prüfung vor. So machte Teresa sich daran, den Bitten ihrer Mitschwestern in einem neuen Buch zu entsprechen, zumal auch ihr Beichtvater, der große Dominikanertheologe Domingo Bañez, sie dazu drängte. Das Ergebnis war ein Buch, das sie zunächst einfach »Buch über das Gebet« nannte, das aber danach mit ihrer Zustimmung den Titel »Weg der Vollkommenheit« erhielt. Es sollte nicht das letzte zu diesem Thema sein. Im Auftrage ihres Provinzials Jerónimo Gracián legte sie mehr als zehn Jahre später noch einmal ihre Gebetslehre dar. Sie erschien unter dem Titel »Wohnungen der inneren Burg« – im Deutschen gewöhnlich wiedergegeben mit »Seelenburg«.

Teresas Hauptanliegen ist, daß das Gebet echt sei, mit dem Herzen gesprochen – nicht nur mit den Lippen, innerlich – nicht nur äußerlich. »Wißt, Töchter,« so schreibt sie in dem Weg der Vollkommenheit, »daß sich das innere Gebet nicht dadurch vom mündlichen unterscheidet, daß ihr den Mund schließt. Wenn ich mündlich spreche und mir dabei voll bewußt bin, daß ich mit Gott spreche und hierauf mehr meine Aufmerksamkeit richte als auf die Worte, so ist das zugleich mündliches und inneres Gebet. – Ich denke mir das innere und das mündliche Gebet immer zusammen. Ich hatte ja selbst damit allerlei Mühen und Plagen und weiß, wie diese Dinge laufen. – Bedenkt also, wenn ihr vor den Herrn tretet, wer der ist, zu dem ihr sprechen wollt oder zu dem ihr sprecht. Das ist das innere Gebet, meine Töchter, versteht es doch bitte.«[37]

Und einige Kapitel weiter bemerkt sie: »Das innere Gebet ist, wie gesagt, Bewußtsein dessen, was wir sagen, zu wem wir es sagen und wer wir selbst sind, die wir uns mit einem so großen Herrn zu sprechen erkühnen. Dieses und ähnliches zu erwägen, z. B. wie wenig wir ihm dienen, und wie viel wir ihm dienen müßten, ist inneres Gebet. Laßt es euch nicht böhmisch vorkommen, und erschreckt nicht vor dem Namen. Betet ihr das Vaterunser oder Avemaria oder was ihr sonst wollt, so ist das mündliches Gebet. Aber seht, es kommt ja ohne das innere Gebet nicht zum Schwingen! Und manchmal fehlt dann den Worten die Harmonie.«[38]

Es gibt einen Punkt im Menschen, da ist er nicht Ergebnis seiner Erziehung, nicht Reflex äußerer Einflüsse, nicht Vollzieher alter Gewohnheiten, nicht bloßes Produkt seiner Veranlagung, sondern nur er, unverwechselbar er, ganz er selbst. Zu diesem tiefsten und innersten Punkt seines Selbst hat niemand Zugang außer Gott – Gott nicht so, wie er von Menschen gedacht oder gemacht wird, sondern so, wie er ist –, der unendlich ferne und eben darum unendlich nahe, der ganz andere und trotzdem uns verwandte, der, von dem der Prophet Jeremia sagt, daß gerade seine Ferne – das Verlassen seines Hauses, nämlich des Tempels in Jerusalem, der zerstört wird, und damit seine Unlokalisierbarkeit[39] – daß gerade diese Ferne die Bedingung seiner Nähe ist, seiner Nähe eben für jeden und nicht nur für die, die den Tempel in Jerusalem betreten. Wir würden sagen: Seine Transzendenz ist die Bedingung seiner Immanenz. Eben weil er jenseits von allem und von allen ist, kann er in allem und in allen sein.

Auch Paulus unterhielt sich nicht mit dem Mann aus Galiläa – den hat er nie gesehen –, sondern mit dem in den Himmel, in das Jenseits, in die Transzendenz (und damit Allgegenwart) Gottes erhöhten Herrn, der ihm darum besonders nahe sein und (nach Eph 3,17) in seinem Herzen wohnen kann. Und der Frankfurter Theologe Hans Kessler schreibt: »Wenn Gott das Geheimnis ist, das alle Wirklichkeit umfängt und zugleich ihre innerste Mitte und so allem gegenwärtig ist, wenn der Gekreuzigte in diesen Gott hineingestorben ist und durch ihn auferweckt, also bei ihm und in ihm lebendig ist, dann ist er – weil bei Gott – nicht nur bei Gott, sondern genau deswegen auch ganz bei uns.«[40]

Teresa nun findet ihn in ihrem Innersten, dort, wo sie ganz sie selbst ist – und lädt jeden ein, ihn dort zu finden. »Seele, suche mich in dir«, läßt sie den Herrn selber sagen (VI, 293) – so wie Augustinus bekannte: »Du warst innen – und ich war draußen« (wo ich Dich vergebens suchte) (X, 27,38), ja, »Du warst noch innerer als mein Innerstes« (III, 6,11).

Das aber heißt nun bei weitem nicht, Teresas Beten sei Sujektivismus oder Beten mit sich selbst. Denn als sie – genau wie Augustinus – alles Äußerliche hinter sich ließ und ganz in sich selbst hinabstieg, da erfuhr sie eben dort das Du Gottes, den, der sie »zur Rede stellte«, so daß sie selbst sagen konnte: »Das innere Gebet ist, so meine ich, nichts anderes als Umgang und vertraute Zwiesprache mit dem Freunde, von dem wir wissen, daß er uns liebt.«[41]

Es ist Zwiesprache, Gespräch, und die Seele kann »sich angewöhnen, mit ihm zu reden, ihm über ihre Bedürfnisse mitzuteilen, ihre Leiden zu klagen, sich mit ihm zu freuen«. (I, 116).

Und Josef Sudbrack, wohl der beste Kenner der christlichen und außerchristlichen Mystik, gibt dem Buch, das er über Teresas Mystik schreibt, den Titel »Teresa von Avilas Mystik als *Begegnung* mit Gott«. Darin schreibt er: »Da ihr die Begegnung mit Jesus als absolute Gipfelerfahrung geschenkt wurde, wehrt sie sich gegen jede psychologisierende Umdeutung der Mystik zum dialoglosen Versinken in die Gottheit.«[42]

Gottes Gegenwart und Gottes Nähe in sich, in ihrem Herzen, in ihrem tiefsten Seelengrund zu erfahren bedeutet für Teresa eben alles andere als das Schwimmen in subjektiven Stimmungen und Gefühlen, die das Du des Gegenüber und das eigene Ich verschwinden und sich auflösen lassen. Teresas Mystik (und ihr Beten) ist und bleibt Begegnung. Ja, Sudbrack bezeichnet gerade die »teresianische Grunderfahrung der Gottes*begegnung* als absoluten Gipfel aller Mystik«[43]. Und er stellt noch einmal ausdrücklich fest, was Teresa bezeugt, nämlich »daß die Ansprechbarkeit und Duhaftigkeit Gottes das Tiefste und zugleich Höchste der Mystik sei«.[44] Teresa sagt dasselbe viel eingängiger und viel plastischer: »Man kann sich mit dir einfach über alles unterhalten.« (I, 378)

Und das eben ist Teresas Anliegen, das sie auch ihren Schwestern weitergeben will, die sie aufgefordert hatten, sie beten zu lehren: Gott ist da. Er sieht euch. Er hört euch. Er ist euch gegenwärtig. Und vor ihm, vor seinem Angesicht, unter seinem Blick kommt ihr zu euch selbst, könnt ihr euch geben, wie ihr seid, braucht ihr euch nicht zu verstellen, braucht ihr euch nicht zu verstecken, ja, könnt ihr euch nicht verstecken. »Er wendet nie seine Augen von euch.« (VI, 134) Vor ihm könnt ihr aufblühen, vor ihm könnt ihr euch gehenlassen, ihm könnt ihr euch ganz überlassen.

Und das ist das zweite, was Teresa ihre Schwestern (und uns!) lehren will: uns ganz Gott überlassen, ja, ihn, der doch viel besser weiß, was uns not tut, in uns beten lassen. Sie nennt das das kontemplative oder beschauliche Gebet und bemerkt dazu: »Bei dem einen wie bei dem anderen Gebete (dem mündlichen und dem inneren bzw. innerlichen Gebete) können wir mit der Hilfe des Herrn selbst etwas tun; bei der Beschauung aber vermögen wir nichts. Hier tut alles die göttliche Majestät; denn die Beschauung ist Gottes Werk.« (VI, 131)

Teresa ist da wie der Bauer, von dem Markus in seinem Evangelium berichtet, daß er nach getaner Arbeit den Samen keimen und wachsen läßt und daß seine Aufgabe nur noch darin besteht, zu warten und in Geduld wachsen zu lassen. »Ein Mann sät Samen auf seinen Acker. Dann schläft er und steht wieder auf. Es wird Nacht und wird Tag. Der Samen keimt und wächst, und der Mann weiß nicht, wie. Von selbst bringt die Erde ihre Frucht, zuerst den Halm, dann die Ähre, dann das volle Korn in der Ähre.« (Mk 4,26–28)

Teresa ist wie Paulus, der will, daß wir uns vom Geiste Gottes leiten lassen, jenem Geist, in dem wir rufen »Abba, Vater!« (Röm 8,15), ja, mehr noch, der selber in uns und für uns und an unserer Statt ruft »Abba, Vater!« (Gal 4,6).

Eugen Biser schreibt dazu: »Für Paulus, der sich dabei im Einklang mit dem Geist Jesu weiß, ist das Gebet des Christen, so sehr es dessen Bitte an den göttlichen Adressaten bleibt, letztlich ein Vorgang zwischen Gott und Gott. Wenn sich das nicht schon klar genug aus dem Geist-Kapitel des Römerbriefs ergäbe, würde er doch endgültig durch die unvergleichlich kühne Bach-Motette ›Der Geist hilft unserer Schwachheit auf‹ (von 1729) geklärt. Denn in der Not, daß wir ›nicht wissen, um was wir beten sollen, tritt der Geist selbst für uns ein mit unaussprechlichen Seufzern‹ (Röm 8,26). Damit erfolgt aber, bildlich gesprochen, eine geheimnisvolle Verdoppelung in Gott. Ohne aufzuhören, der Adressat unseres Gebets zu sein, tritt er in Gestalt des in unsere Herzen ausgegossenen Geistes zugleich auf unsere, der Beter, Seite. Doch nicht genug damit; vielmehr geht er derart auf unsere stammelnde Unzulänglichkeit ein, daß sich seine Fürbitte in ein wortloses Seufzen verwandelt. Paulus weiß indessen, daß keiner Gott kennt, es sei denn der Gottesgeist (1 Kor 2,11). Das gilt für ihn aber auch umgekehrt. Und so kann er sagen, daß er, der die Herzen erforscht, der Adressat des Gebets also, das ›Ansinnen des Geistes kennt‹, der in seinem Sinn ›für die Heiligen eintritt‹ (Röm 8,27). Für ihn gibt es eine mystische Dimension des Gebets, in welcher dem Beter die Sache, die er vor Gott auszutragen sucht, aus der Hand genommen und zwischen Gott und Gott verhandelt wird.«[45]

Was der große Theologe Biser so hochwissenschaftlich formuliert, vermag Teresa viel anschaulicher darzulegen. (Nicht umsonst hatte Fray Luis de León von ihrer Schreibkunst bewundernd gesagt: »In der Bedeutung ihrer Gegenstände wie in der Feinheit und Klarheit ihrer Aussage übertrifft sie viele berühmte Schriftsteller. Ja, ich frage mich, ob es in unserer Sprache Werke gibt, die es den ihren gleichtun hinsichtlich der Sprachgebung, der Leichtigkeit und Klarheit ihres Stils, der Anmut ihrer wohlgesetzten Worte, der ungekünstelten Eleganz, die aufs äußerste entzückt.«[46] Fray Luis de León, selbst einer der größten spanischen Dichter, mußte es wissen!)

In ihrer Autobiographie hatte Teresa hierfür nämlich das Bild des Wassers gewählt, mit dem man auf verschiedene Weise den Garten bewässern kann, von dem Schöpfen aus einem Brunnen (zuerst ohne, dann mit einem Schöpfrad) über die Zuleitung aus einem Bach bis hin zu dem Regen, der ohne unser Zutun herabkommt und zweifelsohne die beste Weise der Bewässerung darstellt. Wörtlich hatte sie geschrieben:

»Das Gleichnis ist folgendes. Der Anfänger stelle sich vor, als beginne er auf einem sehr unfruchtbaren, mit vielem Unkraut überwucherten Boden einen Garten anzulegen, an dem der Herr seine Lust haben soll. Seine Majestät selbst rodet das Unkraut aus und setzt gute Pflanzen ein. Nehmen wir an, es sei dies bereits geschehen, wenn die Seele sich dem innerlichen Gebete hinzugeben entschließt und diese Übung schon begonnen hat. Als gute Gärtner haben wir sodann mit der Hilfe Gottes dafür zu sorgen, daß die Pflanzen wachsen. Wir müssen sie darum fleißig begießen, damit sie nicht verwelken, sondern Blumen hervorbringen, die geeignet sind, durch ihren Wohlgeruch unseren Herrn zu erfreuen, auf daß er recht oft in den Garten komme, um sich zu ergötzen und unter diesen Tugend-Blumen seine Wonne zu finden.

Sehen wir jetzt, auf welche Weise der Garten bewässert werden kann, damit wir wissen, was wir zu tun haben, welche Mühe es uns koste, ob auch der Gewinn sich lohne und wie lange wir die Arbeit fortsetzen müssen! Meines Erachtens kann die Bewässerung des Gartens auf vierfache Weise geschehen. Entweder schöpft man das Wasser mit großer Mühe aus einem Brunnen; oder man schöpft es, wie ich selbst schon öfter getan, mit geringerer Mühe und in größerer Menge mittels eines mit Schöpfgefäßen versehenen Rades, das man dreht; oder man leitet das Wasser aus einem Flusse oder einem Bache in den Garten, was noch besser ist, weil die Erde dadurch mehr befeuchtet wird, das Gießen nicht so oft notwendig ist und somit der Gärtner weniger Mühe aufzuwenden hat; oder endlich, es geschieht die Bewässerung des Gartens durch einen ergiebigen Regen, wenn nämlich der Herr selbst ohne irgendeine Bemühung von unserer Seite den Garten mit Wasser tränkt. Die letzte Art ist unvergleichlich besser als alle vorhergenannten.« (1 108 f.)

In ihrem Spätwerk, den »Wohnungen der inneren Burg«, wird sie das Bild der sich verpuppenden Seidenspinnerraupe wählen, die – als Puppe – zu scheinbarer Untätigkeit verdammt ist (wie der Bauer im Markusevangelium), aus deren totaler Ausgeliefertheit aber der schwebende, das heißt gottfähige Schmetterling ersteht.[47]

Hier, in dem auf Bitten der Schwestern von San José verfaßten »Weg der Vollkommenheit«, verweist Teresa ganz schlicht auf das Vaterunsergebet. Das ist doch das Gebet, das der Herr selbst uns zu beten gelehrt hat. Welches Gebet sollte daher mehr geeignet sein, in seinem Geiste zu beten, ja, mehr noch: seinen Geist in uns beten zu lassen, seinen Geist in uns sprechen zu lassen »Abba – Vater« – und uns selbst einfach dem Geiste Jesu, der in uns beten will, zu überlassen!

Teresa wählte dieses Gebet aus ganz konkretem Anlaß. Denn »nach allem, was wir über die damalige spanische Situation wissen..., bestritt man den Frauen, zu echtem innerlichem Gebet fähig zu sein...; sie ließen sich vom Sentiment fortreißen und ergingen sich in Gefühlen... Frauen sollten auf die gelehrten Unterweisungen der Männer hören und sich lieber dem unbedenklichen mündlichen Gebet hingeben.«[48]

Teresa sagt es selbst: »Immer wieder wird man uns sagen:... dieser Weg ist nichts für Frauen...; sollen sie sich doch lieber ans Spinnrad setzen...; für Frauen genügt das Vaterunser oder das Avemaria.« Da hakt sie ein:

»Und ob das genügt! Dem stimme ich völlig zu, liebe Schwestern! Welch ein Geschenk ist es doch, wenn euer Gebet sich auf jene Bitten gründet, die aus des Herrn eigenem Munde kamen.«[49]

Darum auch nannte Teresa ihr Buch »Weg der Vollkommenheit« auch gerne das »Vaterunserbuch«. Läßt sie uns darin doch das Vaterunser als Weg zur Kontemplation be greifen, als Weg, sich von den Worten, die Jesus uns gelehrt hat, führen zu lassen wie ein Blinder. Und wir dürfen dabei wissen, »daß jeder bis in die geheimsten Nöte und Wünsche hinein angenommen, verstanden und geführt wird«[50].

Das kann man nicht machen. Das braucht man noch nicht einmal zu merken. Das braucht man nur zuzulassen. »Der springende Punkt dabei ist«, schreibt Teresa[51], »daß wir uns ihm rückhaltlos überlassen«, »daß wir uns von allem gelöst ganz dem Schöpfer schenken und unseren Willen in den seinen fügen«[52]. Was daraus wird, »ist in aller Liebe Gott zu überlassen«[53].

Und so können wir den Geist Jesu in uns sprechen lassen:

Vater – Vater Jesu und darum auch unser Vater: Vater der Brüder und Schwestern Jesu!

Du, die höchste Macht und die höchste Gutheit und die höchste Schönheit[54], du bist im Himmel, nicht uns unendlich fern, sondern wie der ganze Himmel uns unendlich nah!

Dein Name werde geheiligt – dein Reich komme – dein Wille geschehe! Mehr will ich ja nicht, als was auch du willst: daß alle Menchen selig werden; daß die ganze Schöpfung befreit werde zur Herrlichkeit der Kinder Gottes, daß Gott alles in allem und in allen sei.

Gib uns das Brot, das wir brauchen, das Brot vor allem, das uns Speise ist fürs ewige Leben!

Und laß uns sein wie du, Vater: einer, der verzeiht, der Schulden erläßt, der den verlorenen Sohn in die Arme schließt.

Und laß uns nicht über unsere Kräfte versucht werden, sondern erlöse uns von allem Bösen: von dem Bösen hier auf Erden und von dem Bösen im Jenseits!

So ist es doch dein Wille, Vater! Amen.

Im Jahre 1567 – fünf Jahre nach der Gründung des Klosters San José in Avila – kam der Ordensgeneral Rubeo nach Spanien, um die Klöster des Karmelordens zu visitieren. Von Teresas Neugründung war er höchst angetan. Er erteilte ihr die Erlaubnis zu weiteren Gründungen und gab ihr die entsprechenden Vollmachten.

»Und da ich unseren Ordensgeneral entschlossen sah, mir weitere Klostergründungen zu ermöglichen, schienen sie mir schon vollbracht.« So schreibt Teresa in ihrem Buch der Klostergründungen, fährt aber fort: »Einerseits durch die Erlaubnis getröstet, wuchs doch andererseits meine Sorge, denn ich kannte in der ganzen Provinz weder einen Mönch noch einen Weltgeistlichen, der zur Ausführung dieses Werkes geeignet gewesen wäre. So blieb mir nur übrig, den Herrn zu bitten, er möge mir doch eine Person zu solchem Zwecke erwecken. Auch hatte ich weder ein Haus noch Mittel, eines zu kaufen. Da saß nun ich arme unbeschuhte Nonne, die von keiner Seite Hilfe zu erwarten hatte, es sei denn vom Herrn; die mit Vollmachten und guten Absichten bestens ausgerüstet war und doch keinerlei Möglichkeit hatte, sie ins Werk zu setzen. Ich verlor aber weder Mut noch Hoffnung, denn was der Herr begonnen hatte, das würde er auch fortführen. Und da mir nun alles möglich schien, machte ich mich ans Werk. O Größe Gottes, wie zeigst du dich in der Kühnheit einer Ameise!«[55]

Teresa verlangte nach weiteren Klostergründungen, damit Gott mehr gelobt werde – und damit für die Ungläubi-

Medina del Campo war und ist berühmt durch das aus dem 15.
Jahrhundert stammende Castillo de la Mota, Lieblingssitz der hier
1504 gestorbenen Königin Isabella. Für Teresa wurde Medina del
Campo Ausgangspunkt ihrer sich über ganz Spanien erstreckenden

Klostergründungstätigkeit. Zudem gewann sie hier Johannes vom Kreuz für ihre Reformpläne. Er war in Medina aufgewachsen, zur Schule gegangen und ins Kloster eingetreten.

gen gebetet werde. Liebe zu Gott und missionarischer Eifer – das waren ihre Motive. Ihre Bereitschaft, sich für die einzusetzen, die Gott nicht kennen, wuchs erst recht, als sie von den vielen Millionen Indianern erfuhr, deren ewiges Heil sie bedroht sah. »Vier Jahre nach der Gründung von San José oder vielleicht auch etwas später kam zufällig ein Franziskaner namens Fray Alonso Maldonado zu Besuch. Kurz zuvor war er aus Westindien gekommen. Er begann von den vielen Millionen Seelen zu erzählen, die dort aus Mangel an Unterweisung verlorengingen, und hielt uns eine Predigt. Ich war ganz betroffen, daß so viele Seelen verlorengehen, was ich gar nicht fassen konnte. Unter vielen Tränen flüchtete ich mich in eine Einsiedelei, rief zum Herrn und bat ihn, mir eine Möglichkeit zu geben, wie ich etwas zur Rettung von Seelen in seinem Dienst tun könnte.« In einer Vision vernahm sie dann die Worte: »Warte ein Weilchen, Tochter, und du wirst große Dinge sehn.«[56]

Jetzt, als Pater Rubeo ihr die Erlaubnis und den Auftrag zur Gründung weiterer Klöster gegeben hatte, sah sie den Weg gekommen. Sie wollte ja »nicht reformieren um des Ordens, sondern um der Ungläubigen willen, für die es im Orden durch Gebete und Nachfolge Christi einzustehen gilt«.[57]

Etwa 80 km nördlich von Avila, schon der Provinz Valladolid zugehörig, liegt Medina del Campo, heute ein Städtchen von etwa 15000 Einwohnern, damals eine reiche, schön gebaute Stadt mit über 30000 Einwohnern, bekannt durch das Castillo de la Mita, den Lieblingssitz der Königin Isabella der Katholischen. Hier in Medina del Campo war sie geboren. Hier ist sie auch gestorben. Ihretwegen hieß diese Stadt die »königliche«.

In dieser Stadt gründete Teresa das erste der weiteren Klöster, die sie stiften wollte.

Über die Gründung berichtete einer, der dabei war, wie folgt:

»Die Gründung in Medina del Campo! Das war eine Sache! Gegen Mitternacht trafen wir in Medina ein; am Stadteingang mußten wir aussteigen, denn das Fuhrwerk, das uns verblieben war, machte einen solchen Höllenlärm in die Stille der Nacht, daß sämtliche Einwohner aufgewacht wären. So standen wir auf der Straße, Mönche und Nonnen, beladen mit Kirchenschmuck und Gefäßen, die für das Lesen der ersten Messe und die Einrichtung der Kapelle unentbehrlich waren. Wir sahen aus wie Zigeuner und Kirchenräuber; wären wir einer Streife der Stadtwache in die Hände gefallen, hätten wir den Rest der Nacht im Gefängnis verbracht...

Wir mußten den Hausmeister wecken und ihn veranlassen, daß er uns sofort das Haus öffnete und es in Ordnung brachte. Großer Gott! Kaum waren wir drinnen, als wir unserem Schöpfer Dank sagten; er errettete uns mit knapper Not vor sechs Stieren, die in vollem Galopp durch die Stadt stürmten; sie waren auf dem Wege zur Arena, wo am nächsten Tage eine ›corrida‹ stattfinden sollte.

Bald begann es zu tagen. Die Mutter Priorin, die Schwestern, uns alle hätte man da sehen sollen, die einen mit dem Besen in der Hand, die anderen auf Leitern stehend, um Wandbehänge oder die Glocke zu befestigen...

Nun brauchten wir nur noch dem Provisor unser Morgenständchen zu bringen, damit er uns bescheinigte, daß dieses Kloster mit der ausdrücklichen Genehmigung des Prälaten gegründet worden war; man holte ihn aus dem Bett...

Sobald es heller Tag war, begannen wir mit großer Freude die Glocke zu läuten, wobei wir uns ablösten; das taten wir so lange, als es notwendig war, um die Messe anzukündigen; alle, die dieses Geläut hörten, traten ein und sahen ein Kloster, das über Nacht aus dem Boden gewachsen war; sie waren stumm vor Erstaunen.«[58]

In Medina del Campo traf Teresa die beiden Patres Antonio de Heredia und Juan de San Mateo, der sich später Juan de la Cruz – Johannes vom Kreuz – nennen sollte. Beide waren Angehörige des Karmelordens, beide unzufrieden mit dessen damaligem Zustand, beide deshalb willens, den Orden zu verlassen und bei den Kartäusern einzutreten. Teresa vermochte sie dazu zu bewegen, daß sie die alte, ursprüngliche Regel des Karmelordens zur Richtschnur ihres eigenen Lebens machten und nach dieser Regel Männerklöster gründeten. Auf diese Weise würden dann den Nonnen der von Teresa zu gründenden reformierten Frauenklöster auch geeignete Beichtväter zur Verfügung stehen.

Medina del Campo steht am Anfang einer rastlosen, fast fünfzehn Jahre währenden Klostergründungstätigkeit. »So ist es wirklich etwas ganz Neues und Unerhörtes, daß eine schwache Frau den Mut zu so großen Unternehmungen aufbrachte. Und daß sie dabei so weise und geschickt vorging, daß sie die Herzen aller gewann, die ihr begegneten«, schreibt Fray Luis de León wenige Jahre nach ihrem Tode.[59]

Aus der Maria des Evangeliums, die zu Füßen des Herrn sitzt und ihm aufmerksam zuhört, war eine Marta geworden, die pausenlos tätig ist. Nein: Maria wurde gleichzeitig Marta, ohne ihr Maria-Sein aufzugeben. »Glaubt mir«, schreibt Teresa in ihrer Seelenburg, »Marta und Maria müssen beisammen sein, um den Herrn zu beherbergen und immer bei sich zu behalten, wenn man ihn nicht schlecht bewirten und nicht ungespeist lassen will. Was hätte ihm Maria, die immer zu seinen Füßen saß, wohl zu essen geben können, wenn ihre Schwester ihr nicht geholfen hätte? Seine Speise aber ist es, daß wir auf alle mögliche

Weise Seelen gewinnen, damit sie gerettet werden und ihn immerdar lobpreisen.« (v, 227)

Außer San José in Avila und Medina del Campo gründete Teresa noch weitere fünfzehn Nonnenklöster, zehn in den Jahren 1568 bis 1576 (Malagón, Valladolid, Toledo, Pastrana, Salamanca, Alba de Tormes, Segovia, Beas de Segura, Sevilla, Caravaca) und nach einer erzwungenen Pause von fast fünf Jahren in den zwei letzten Jahren ihres Lebens (von 1580 bis 1582) noch fünf weitere (in Villanueva de la Jara, Palencia, Soria, Granada und Burgos).

Alle diese Gründungen erforderten ihre Anwesenheit: Es mußten Häuser beschafft werden, es mußten in oft monatelangen zermürbenden Verhandlungen Zustimmungen der kirchlichen und städtischen Behörden eingeholt werden, es mußte geprüft werden, ob die jungen Kandidatinnen, die dort eintreten wollten, auch wirklich geeignet waren. Dazu durchreiste Teresa Spanien auf dem Maultier oder in holperigen Reisewagen, bei glühender Hitze oder in Eiseskälte und mußte gar oft in zweifelhaften Wirtshäusern oder auf dem freien Feld übernachten.

Auf dem Wege nach Sevilla lag die Fähre im Guadalquivir auf einer Sandbank, vor Córdoba mußte man vor der Brücke stehen bleiben, weil die Erlaubnis zur Überquerung noch nicht erteilt war, und als die Erlaubnis glücklich erteilt war, stellte sich heraus, daß die Planwagen, mit denen Teresa reiste, zu hoch waren für das Brückentor. Also mußte der obere Teil des Brückentores abgesägt werden. Und über das glückliche Eintreffen in Córdoba schreibt Teresa:

»Wir stiegen in der Nähe der Kirche aus. Und wenn man auch unsere Gesichter nicht sehen konnte, weil wir in der Öffentlichkeit immer den langen Schleier trugen, genügte es, uns mit diesen Schleiern und den großen weiten Mänteln und Hanfsandalen zu sehen, um alles in Aufregung zu versetzen. Bei dem Schrecken verging mir ganz das Fieber. Denn die Leute lärmten bei unserem Anblick wie beim Stierkampf, wenn die Stiere die Arena betreten.«[60]

Ähnlich aufregend war eine der letzten Reisen, die nach Burgos. Darüber schreibt sie:

»Der Pater Provinzial wollte selbst mit uns zu dieser Gründung reisen. Teils, weil er gerade Zeit dazu hatte, teils, weil er unterwegs über meine Gesundheit wachen wollte, denn das Wetter war rauh und ich so alt und krank. Es schien, als sei an meinem Leben etwas gelegen. Und ganz gewiß hatte Gott es so gefügt, denn die Wege waren immer wieder so überschwemmt, daß der Pater Provinzial und seine Begleiter voranfahren mußten, um zu sehen, ob die Wagen nicht steckenbleiben würden. Besonders der Weg von Palencia nach Burgos war eine ziemliche Vermessenheit zu diesem Zeitpunkt. Aber ich muß gestehen, daß der Herr mir versichert hatte, wir sollten nur reisen und nichts fürchten, er werde mit uns sein. Ich erzählte das zwar damals nicht unserem Pater Provinzial, aber es beruhigte mich in den großen Anstrengungen und Gefahren, in die wir gerieten. Ganz besonders beim Übergang nach Burgos, wo wir eine Schiffsbrücke benutzen sollten, die so überflutet war, daß wir sie nicht mehr erkennen konnten. Man sah nichts als Wasser, und zu beiden Seiten der Brücke war es sehr tief. Kurz, es war recht verwegen, da noch hinüberzufahren, und ganz besonders mit Wagen, deren geringste Abweichung sicheres Verderben bedeutet hätte; und mit einem der Wagen wäre das auch fast geschehen.«[61]

Nicht minder schwierig waren dann in Burgos die Verhandlungen, besonders die mit dem Bischof. Volle drei Monate mußte Teresa intervenieren, taktieren, finassieren, bis sie schließlich die notwendige Erlaubnis zur Gründung erhielt.

In den letzten Jahren ihres Lebens war Teresa so bekannt, daß es in den Orten, durch die sie kam, jedesmal einen Volksauflauf gab, weil alle die berühmte Reformerin sehen wollten. Es konnte geschehen, daß man Polizeibeamte an die Türe des Hauses stellte, in dem sie ihr Mittagsmahl einnahm, um die Neugierigen am Eindringen zu hindern, und daß man anschließend einige Personen verhaften mußte, damit sie Teresa, die das Haus wieder verlassen wollte, nicht den Weg versperrten. (Vgl. II, 385)

Dabei war Teresa alles andere als kerngesund. Oft litt sie unter Gicht und Fieber und Kopfschmerzen. Es gab Tage, an denen sie der Mut verlassen wollte, so daß sie schrieb: »Die körperlichen Schmerzen plagen mich von allen Seiten; mein Verstand ist ganz durcheinander, so daß ich gar nicht mehr an Gott denken kann noch weiß, welchem Gesetz ich eigentlich unterworfen bin. Wenn ich etwas lese, verstehe ich es nicht; ich komme mir voller Fehler vor, ohne Kraft zur Tugend, und der große Mut, den ich gewöhnlich habe, ist so gering, daß es mir scheint, als könnte ich bereits der geringsten Versuchung und dem leisesten Widerspruch von seiten der Welt nicht widerstehen. Da kommt mir dann der Gedanke, daß ich zu gar nichts tauge, und frage, wer mir wohl die Idee eingegeben hat, aus dem Gewöhnlichen auszubrechen. Ich bin dann richtig traurig und meine, all die zu täuschen, die von mir etwas halten. Am liebsten würde ich mich verbergen, daß mich niemand mehr sieht; das ist kein Verlangen nach Einsamkeit aus Tugend, sondern aus Ängstlichkeit.«[62]

Und wenn die Verhandlungen mit widerspenstigen Bischöfen, Prälaten oder Bürgermeistern allzu strapaziös wurden, dann konnte sie wohl auch mal ausrufen: »Mein Herr! Dieses Haus gehört nicht mir, für dich wurde es errichtet; da nun niemand da ist, der die Verhandlungen führen könnte, möge es Eure Majestät selbst tun.«[63]

Aber das war beileibe nicht alles. Hatte Teresa doch praktisch den gesamten Orden der gemilderten Regel gegen sich und ebenso deren einflußreiche Freunde in Welt und Kirche. Zudem wurde alles, was sie sagte, schrieb und tat, von den Inquisitionsbehörden nach wie vor mit Argwohn und Mißtrauen beobachtet.

Ihre Widersacher im Orden erreichten, daß ihr 1575 jede weitere Gründung verboten wurde. Sie schreibt dazu:»Sei es, daß seine göttliche Majestät mir ein wenig Ruhe schenken wollte, oder sei es, daß dem Teufel die Errichtung so vieler Häuser, in denen man dem Herrn diente, auf die Nerven ging – noch bevor ich in Sevilla ankam, erreichte mich die Nachricht, daß man auf einem Generalkapitel beschlossen hatte, mir weitere Gründungen zu verbieten.« Und obendrein »befahl man mir, mich in ein von mir zu wählendes Kloster (in Kastilien) zurückzuziehen und es nicht mehr zu verlassen. Das ist doch nur eine Umschreibung für Gefängnis.«[64]

Doch damit nicht genug. Drei Jahre später (1578) unterstellt der Nuntius alle reformierten Klöster den Nichtreformierten und setzt den den Reformierten und Teresa selbst sehr gewogenen Provinzial Pater Gracián kurzerhand ab.

Teresa zieht sich zunächst nach Toledo und dann nach Avila zurück. Sie benutzt die Zeit der erzwungenen Muße dazu, ihr schon früher begonnenes Buch der Klostergründungen zu Ende zu schreiben und auf Verlangen von Pater Gracián »ihr reifstes Werk«[65] zu schreiben, nämlich die »Moradas del Castillo interior« (Die Wohnungen der inneren Burg), »eines der größten Werke christlicher Mystik«[66]. Darin spricht sie »das tiefste Wissen ihres Herzens aus«[67]: »Weil ich weder wußte, wie das mir aufgetragene Werk beginnen, noch überhaupt, was ich sagen sollte, bat ich inständig unseren Herrn, daß Er durch mich sprechen möge. Da fiel mir ein guter Ausgangspunkt ein, nämlich, daß wir uns die Seele vorstellen als eine kristallene oder diamantene Burg mit vielen Wohnungen, so wie ja auch der Himmel viele Wohnungen hat... Ganz in der Mitte aber, in ihrem Zentrum liegt die Wohnung, auf die alles ankommt und wo höchst geheimnisvolle Dinge zwischen Gott und der Seele geschehen. Dieses Gleichnis müßt ihr euch gut merken.«[68]

Gleichzeitig ruht und rastet sie nicht und erfindet – unterstützt von Pater Gracián – immer neue Wege, um ihre Reform zu retten. Sie besucht den früheren Großinquisitor und nunmehrigen Kardinal-Erzbischof von Toledo. Sie zögert nicht, auch König Philipp II. einzuschalten und ihm wiederholt zu schreiben. (Vier ihrer an den König gerichteten Briefe sind erhalten geblieben, darunter der mit der Aufforderung, er möge »ein Gesetz erlassen, kraft dessen die beschuhten (d. h. nicht reformierten) Karmeliten die armen unbeschuhten nicht mehr mißhandeln dürfen«.[69])

Und siehe da, das Unglück wendet sich. Der Nuntius widerruft seine Anordnung, wonach die Reformierten den Nichtreformierten unterstellt wurden. Der neue Generalobere des Gesamtordens (P. Rubeo war gestorben) besucht einige der Neugründungen Tersas und erteilt ihr (1580) die Vollmacht, ihre Gründungstätigkeit wieder aufzunehmen. Und schließlich der König selbst ersucht den Papst, die Klöster der Reformierten zu verselbständigen und einem eigenen Provinzial zu unterstellen, und der Papst kommt (ebenfalls im Jahre 1580) diesem Ersuchen nach und hebt dabei auch alle Exkommunikationen und sonstigen Kirchenstrafen auf, die gegen die Reformierten verhängt worden waren. Das gleicht nicht nur einem Wunder. Das ist ein Wunder!

Teresa jubelt. Sie hat gesiegt. Sie? Nein, der Herr hat gesiegt. Denn er war es, der ihre Stütze in all den Jahren der

Strapazen und Verwirrungen und Verfolgungen gewesen war. Hatte er doch nicht aufgehört, sich ihr zu offenbaren, ihr Mut zu machen und sie seiner bleibenden Anwesenheit[70] zu versichern. Und sein Trost genügte ihr. »Kurz, man kann in diesem Sturm nichts anderes tun, als auf die Barmherzigkeit Gottes hoffen, der plötzlich mit einem einzigen Wort oder einem unvermuteten Anlaß die Wolken so schnell vertreibt, als habe es sie nie gegeben. Dann ist die Seele sonnendurchflutet und tief getröstet.«[71]

Ob das auch die Antwort ist auf die Frage: Wie konnte Teresa ein solches Leben nur aushalten?! Und ob das auch die Antwort ist auf unsere Frage: Wie sollen wir nur unser Leben aushalten?! Oder weiß Teresa noch andere Antworten auf diese Fragen?

In ihrer Autobiographie hatte Teresa schon geschrieben: »Gott trägt mehr Sorge für uns als wir selbst.« (I, 212)

»O mein Herr, welch ein wahrer Freund und wie mächtig bist du! Wenn du willst, so kannst du helfen, und du hörst nicht auf, denen helfen zu wollen, die dich lieben. Alle Geschöpfe sollen dich preisen, du Herr der Welt! O könnte ich es in der ganzen Welt laut verkünden, wie treu du bist gegen deine Freunde! Wenn auch alle Geschöpfe uns verlassen, du, o Herr über alles, verläßt uns nie. … Ja, mögen alle Gelehrten sich gegen mich erheben, mögen alle Geschöpfe mich verfolgen und die Teufel mich peinigen: du, o Herr, verläßt mich nicht.« (I, 241 f.)

»Wenn Seine Majestät mit uns ist, dann gibt es niemanden mehr, der gegen uns ist, ohne daß er sich selbst schadet.«[72]

Und in ihrem Buch der Klostergründungen lesen wir: »Als ich eines Tages nach der Kommunion voller Zweifel und schon fast geneigt war, überhaupt keine Gründung mehr durchzuführen, flehte ich zu unserem Herrn, daß er mich doch erleuchten solle, daß ich in allem seinen Willen erfülle, denn so gering mein Eifer auch war, so war er doch niemals so abgeflaut, daß mir auch dieses Verlangen etwa gefehlt hätte. Da sagte mir unser Herr in einer Art Vorwurf: ›Was fürchtest du denn? Wann habe ich dich jemals im Stich gelassen? Der gleiche, der ich immer war, bin ich auch jetzt. Unterlaß es nicht, diese beiden Gründungen durchzuführen!‹ Großer Gott, wie sind doch deine Worte so ganz anders als die der Menschen! So entschloß ich mich und faßte von neuem einen solchen Mut, daß die ganze Welt es nicht vermocht hätte, mir Hindernisse in den Weg zu legen, und ich begann mit den Verhandlungen; unser Herr aber begann, mir Mittel zur Durchführung zu geben.«[73]

Und wir, zu denen Gott nicht spricht wie zu Teresa? Das mag sein. Aber Teresa spricht zu uns, fast als wäre sie Gottes Bote, der uns darum auch nichts anderes bringt als Gottes Botschaft. Es gibt ein Gedicht von ihr, in dem sie uns gleich in der ersten Zeile direkt anspricht. Sie trug es stets in ihrem Brevier bei sich. Dort fand man es nach ihrem Tode.

Es ist wie eine Quintessenz ihres eigenen Sich-Verhaltens und ihres eigenen Zu-Rande-Kommens mit diesem Leben voller Not und Gefahr und voller Enttäuschungen und Anfeindungen und unerfüllter Hoffnungen. Und sie will auch uns übermitteln, was sie sich selbst zur Leitschnur machte, um mit diesem Leben zurecht zu kommen.

Der spanische Herausgeber ihrer Gedichte, P. Angel Custodio Vega, zählt dieses Gedicht zu den besten der spanischen Sprache, ja der Weltliteratur[74]. Erika Lorenz erkennt in ihm eine Miniaturausgabe der Seelenburg, die ja auch mit Angst und Schrecken und Verwirrung beginnt und mit dem Gott-gefunden-Haben endet.[75]

Der spanische Text dieses Gedichts lautet:

Nada te turbe,
nada te espante,
todo se pasa.

Dios no se muda
la paciencia
todo lo alcanza;

quien a Dios tiene
nada le falta:
sólo Dios basta.

In deutscher Übersetzung lautet es:

Nichts soll dich verwirren,
nichts soll dich erschrecken,
alles geht vorbei.

Gott bleibt stets derselbe.
Wer geduldig wartet,
dem fällt alles zu.

Dem, der Gott gefunden,
dem kann nichts mehr fehlen:
Gott nur ist genug.

Das erste Wort ist nichts. Das letzte Wort ist genug. Es gibt
also einen Weg vom Nichts zum Erfülltsehen aller Wünsche!

Dieser Weg wird beschrieben in drei Terzinen, jener
kunstvollen Strophenform, die Dante geschaffen hatte.
(Und diese herumstreunende Nonne Teresa, die so gerne

Das Gedicht »Nada te turbe« in der markanten Handschrift Teresas

mit ihrer Ungebildetheit kokettierte, kannte das! Sie kannte
und benutzte darüber hinaus sogar die »klassische« – von
Dante selbst noch nicht benutzte – Adonius genannte Fünf-
zahl der Silben eines aus einem Daktylus ($\acute{X}$xx) und einem
Trochäus ($\acute{X}$x) bestehenden Verses!)[76]

Diese drei Terzinen nennen den dreistufigen Weg zu Gott,

so wie seit alters her der Weg zu Gott als ein dreistufiger gesehen wurde, von dem Loslassen des Vergänglichen über das Sich-erleuchten- und Sich-leiten-Lassen von dem Licht, das nur Gott uns schenkt, zu dem Bei-Gott-Sein. Loslösung, Erleuchtung, Einung nannte man diese Stufen.

Teresa umschreibt das in der Weise, daß in den drei Terzinen der erste Vers jeweils den Inhalt der betreffenden Stufe angibt und die beiden nachfolgenden Verse diesen näher erläutern. Die erste Stufe wird angekündigt durch den Hinweis auf das, was man vorfindet: Verwirrung, Chaos, Unbehaustsein. Die zweite durch den Hinweis auf den, der ganz anders ist, das Gegenteil von Unruhe, Veränderung, Wechsel: Gott. Die dritte schließlich durch die Verheißung: Gott ist zu »haben« – und mit ihm die Fülle, die Seligkeit, das Glück.

Die erste Strophe sagt uns nicht nur, daß es Verwirrendes, Erschreckendes, Beängstigendes gibt. Sondern auch, daß man sich davon nicht verwirren und erschrecken und verängstigen lassen soll. Nichts von alledem ist es wert, sich von ihm bestimmen zu lassen. Und warum? Die Antwort gibt der dritte Vers: weil alles vergeht – alles! Alles das, was so tut, als wäre es der einzige Inhalt des Lebens. Es ist dazu bestimmt, vorüberzugehen, zu nichts zu werden.

Die zweite Strophe nennt den ruhenden Pol in der Verwirrung Übermacht: Gott. Und sie nennt unsere Haltung ihm gegenüber: warten können, offen sein, bereit sein, sich beschenken zu lassen. Sie sagt es mit dem Wort paciencia – Geduld haben. Dieses Wort bildet die Mitte der mittleren Strophe und damit die Mitte des ganzen Gedichts. Es ist wie eine Kehre vom Aktiv zum Passiv-sein, vom Selber-wirken-Wollen zum Gott-wirken-Lassen. Was nützt es dem Bauern in dem Gleichnis, das Markus uns überliefert, wenn er sich abrackert und pflügt und eggt und sät, wenn er nicht die Geduld aufbringt, auf den Regen zu warten, den Gott schenkt, und auf das Wachsen, das Gott gewährt? Wer aber diese Geduld aufbringt, der kann alles zu erreichen. Dieses »erreicht« (alcanza) reimt sich im Spanischen (in der Form der Assonanz)[77] mit »vergeht« (pasa), dem letzten Wort der ersten Strophe. Das ›alles verlieren‹ zieht das ›alles gewinnen‹ nach sich, wartet darauf wie das eine Reimwort auf das nächste. Nicht weniger als alles Vergängliche soll man fahrenlassen, nichts sein lassen (eben das sein lassen, was es ist: vergänglich!), um alles Unvergängliche zu gewinnen.

Und das ist – so sagt es uns die dritte Strophe – Gott selbst. Die beiden Reimworte dieser Strophe, das falta = fehlt und das basta = genügt, greifen das pasa = vergeht der ersten Strophe und das alcanza = erreicht der zweiten Strophe wieder auf. Mit anderen Worten: Das in den beiden vorhergehenden Strophen Angekündigte wird hier Wirklichkeit. Mehr noch, das zuvor Erwartete findet hier seine Antwort. Und die Antwort heißt: Nur Gott kann unseren Hunger stillen, unsere Erwartungen erfüllen, unsere Fragen beantworten. Und solange Gott nicht da ist und sein Reich noch nicht gekommen ist, bleibt der Hunger, bleibt das Unausgefülltsein, bleiben die Erwartungen und die Fragen.

Und was das Lied in seiner Gesamtheit angeht: Teresa hält sich nicht bei leeren Füllseln auf, nicht einmal bei beschreibenden Eigenschaftswörtern. Die Subjekte der Sätze stehen allein, nackt, hart da. Und die Subjekte der vielen kurzen Sätze sind nichts und alles, Gott und Geduld, jeder einzelne und wieder nichts und wieder Gott. Es könnte einem angst und bange werden, sähe man nur dieses Gerippe und nicht den Bogen, der sich in jeder Strophe von ersten zum letzten Wort spannt: Strophe 1 vom »nichts« zum »vorbei« – wie tröstlich! – , Strophe 2 von »Gott« zu »dem fällt alles zu« – wie verheißungsvoll! –,

Strophe 3 von »jeder, der« zu »genug« – eines jeden Wünsche sollen in Erfüllung gehen – welch ein Segen!

Das Gedicht beginnt mit dem, was vergänglich und darum nichts ist. (»Alles, was vergänglich und nicht gottgefällig ist, ist nichts, ja noch weniger als nichts«, sagt Teresa.)[78] Es endet mit dem, was Gott und darum alles ist. (»Seine – Gottes – Welt ist ewig; die andere nur ein Traum.« Auch das sagt Teresa.)[79] Und in der Mitte steht die Wende, die Kehre, nämlich »die Fähigkeit, auf das Unverfügbare in Geduld zu warten und sich von ihm beschenken zu lassen.«[80]

Man kann nun auch auf Entdeckungsfahrt gehen und voller Staunen feststellen, wie sehr Teresa sich in diesem Gedicht die Botschaft der Bibel zu eigen macht und auf ihre Weise weitergibt. Dazu nur einige wenige Bibelzitate:

Strophe 1

»Bedrängnis oder Not oder Verfolgung, Hunger oder Kälte, Gefahr oder Schwert – all das überwinden wir.« (Röm 8,35. 37)

»Wer sein Leben verliert, wird es gewinnen.« (Luk 17,33)

»Ich bin überzeugt, daß die Leiden dieser Zeit *nichts* bedeuten im Vergleich zu der Herrlichkeit, die an uns offenbar werden soll.« (Röm 8,18)

Strophe 2

»Himmel und Erde werden vergehen; du aber, Herr, du bleibst.« (Hebr. 1,11)

»Wenn ihr standhaft bleibt, werdet ihr das Leben gewinnen.« (lateinisch: In patientia vestra possidebites animas vestras.) (Lk 21,19)

»Gefallen hat der Herr an denen, die voll Vertrauen warten auf seine Huld.« (Ps 147,11)

Strophe 3

»Wir haben nichts – und haben doch alles.« (2 Kor 6,10)
»Wie sollte er uns mit ihm nicht alles schenken?« (Röm 8,32)
»Alles ist durch ihn und auf ihn hin.« (Kol 1,16)

Man kann aber auch dieses Lied einfach so zu beten versuchen, wie Teresa es gebetet haben mag, und mit ihr zusammen und in ihrem Geiste sprechen:

Nichts soll dich, Teresa, verwirren oder erschrecken: keine Flüsse, die über die Ufer treten, und keine Brücken, die von den Fluten fortgerissen sind, auch kein Nuntius, der dich eine Landstreicherin schimpft, und kein Bischof, der dir die Erlaubnis zur Gründung eines neuen Klosters verweigert, auch kein Beichtvater, der meint, deine Visionen seien Teufelswerk, und ebensowenig ein Großinquisitor, der fürchtet, du seiest einer von jenen Schwarmgeistern, die ihre eigenen Träume für Botschaften Gottes halten, und ebenso die Gicht, die Kopfschmerzen, die körperlichen und seelischen Leiden, nichts, nichts, nichts – denn alles das geht vorüber, nichts von alledem hat Bestand, es lohnt sich nicht, das Vergängliche so ernst zu nehmen, als sei es unvergänglich.

Nur einen gibt es, der wie ein Fels ist in der Brandung, eine sichere Zuflucht, einer, der treu ist wie kein zweiter. Das bist du, o Herr. Auf dich kann man sich verlassen. Du bist nicht heute da und morgen verschwunden, heute allmächtig und morgen schwach, heute voll Liebe und morgen voll Bosheit. Auf dich will ich mich verlassen, auch wenn ich nur weiß, daß du da bist, daß du mir hilfst, daß du mich begreifst, daß du mich erhörst – und nicht weiß, wie du das anstellst und wann du das tust. Das überlaß ich alles dir. Meine Aufgabe ist, geduldig zu sein, Herz und

Hände aufzuhalten für das Geschenk, das du selber bist. Denn ich weiß es genau: das Größte, das Schönste, das Eigentliche, das, worauf es ankommt, das, was dem Leben Sinn verleiht und für es Erfüllung bedeutet, das kann man nicht machen. Das muß man erwarten, erhoffen, ersehnen. Das muß man sich schenken lassen. Denn das Eigentliche, das Erfüllende, das alles andere wie ein Nichts Sich-auflösen-Lassende ist doch die Liebe, deine Liebe, ja, das bist du selbst. Und dich kann man nicht bekommen und kann man nicht haben wie ein irdisches Gut, nicht einmal wie einen Freibrief für weitere Klostergründungen, den derselbe Pater General, der ihn mir ausgestellt hatte, widerrufen konnte. Nein, dich kann man nur haben wie die Liebe, die von dir, Teresa, immer nur deshalb als beglückend und vor Wonne vergehen lassend erfahren wird, weil sie dir immer neu zugesprochen wird, freiwillig zugesprochen wird von dem großen Gott, der tun und lassen kann, was er will, und der von sich aus sich dem Menschen zugesprochen hat und selber darauf wartet und erwartet, daß der Mensch sich ihm öffnet, weil er arm ist und hungrig und durstig und nirgends sonst seine Genüge findet.

Und wenn du, Teresa, Gott gefunden hast, wenn überhaupt einer Gott gefunden hat, weil er ihm unverhofft begegnet ist, wo und wie er es nicht vermutet hat, der hat in ihm alles. Hat er doch den, der alles geschaffen hat, der alles trägt und erhält, der alles durchwaltet, der in allem seine Spuren hinterlassen hat und zu dem alles hinstrebt, weil er die Erfüllung aller Sehnsucht ist und der Trost in aller Trübsal und die Linderung aller Schmerzen. Er ist es, nur er und sonst keiner, von dem man sagen kann: er genügt. Und mag die Welt aus den Fugen gehen, mag mein Leben in ihren Augen ein verpfuschtes sein, mögen alle meine Pläne zerrinnen – wenn ich ihn habe, habe ich alles –, und das ist mir genug. Wie sollte es auch nicht! Er ist doch Er, der Herr aller Mächte und Gewalten! Wenn ich dich habe, will ich gar nichts weiter – nur dich, dich aber immer mehr, soviel ich nur fassen kann. Ja, ich möchte groß sein wie das weite Meer, damit ich möglichst viel von dir erhalten und umfangen kann – von deiner Schönheit, deiner Güte, deiner Macht. Denn du bist es doch, der allein mich versteht, bei dem ich Geborgenheit finde, bei dem ich meinen Tränen freien Lauf lassen kann. Und wenn ich dich habe, wenn du bei mir bist, wenn du mich anblickst, dann habe ich alles, dann begehre ich weiter nichts, dann mag es regnen, oder dann mag die Sonne scheinen, dann mag ich krank sein oder gesund, dann mag ich Feinde haben oder Freunde: Dann ficht mich nichts mehr an. Denn du bist mein, und ich bin dein – deine Teresa, der dein Wort, dein Blick, deine Liebe genügen, weil sie mehr ist als alles andere im Himmel und auf Erden.

Was Teresa sich sagt, das sagt sie auch uns: Nichts soll euch ängstigen oder verwirren oder erschrecken oder ungehalten machen oder gar verzweifeln lassen, nichts! Ob ihr gesund seid oder krank, ob ihr Erfolg habt oder euch als Versager vorkommt, ob eure Gebete erhört werden oder ob ihr meint, alles Beten sei umsonst: All das geht vorüber.

Woran ihr euch halten sollt, ist Gott. Er ist da, ob ihr ihn seht oder nicht, ob ihr seine Anwesenheit verspürt oder nicht, ob ihr vor ihm laufen geht oder euch an ihn wendet. Und er ist und bleibt der, der er ist: der, der will, daß alle Menschen gerettet werden und das Heil erlangen, auch ihr, auch die, um die ihr euch sorgt, auch die, für die ihr betet. Gott ist Gott für euch, Gott ist da für euch, Gott ist euch näher als ihr selbst, ihm ist mehr an euch gelegen als euch selbst. Und er ist nicht heute da und morgen verschwunden wie die Dinge und Ereignisse und die Großen dieser Welt. Er bleibt – um sich euch zu schenken. Was er von euch erwartet ist nur, daß ihr offenbleibt für ihn, daß ihr nicht aufhört, nach ihm zu fragen, daß ihr hungrig bleibt und arm und voller Erwartung, voller Hoffnung, voller Sehnsucht – geduldig! Daß ihr nicht verzweifelt. Trotz allem nicht! Daß ihr durchhaltet, auch wenn es noch so schwer fällt.

Denn wenn Gott für euch ist, wer kann dann noch gegen euch sein? Und Gott ist für euch. Ihr möget meinen, das könntet ihr nicht glauben. Aber ich habe ihn erfahren. Ich bin ihm begegnet. Ich habe seine Stimme gehört. Und wenn ihr ihn selbst nicht gehört habt oder seine Stimme überhört habt, so glaubt doch mir: Wer Gott hat, dem fehlt nichts.

Ja, gerade weil nur dem, der Gott hat, nichts fehlt, gerade darum verspürt ihr vor allem das Unausgefülltsein. Denn nur wenigen schenkt Gott sich schon auf dieser Erde so deutlich wie mir. Er behält dieses Geschenk für das Jenseits vor. Und daß er dieses tun will und auch wirklich tun wird, läßt er mich und andere ganz deutlich und für mich unbezweifelbar erfahren, damit wir es euch weitersagen.

Wenn ihr darum nicht an den Gott der Bibel glauben könnt und auch nicht an den Gott eurer Eltern, auch nicht an den Gott eurer eigenen Lebenserfahrung, so glaubt doch an den Gott Teresas!

Das Kloster Alba de Tormes
(Zeichnung von Hye Hoys, 1866–1867)

ALBA DE TORMES

Etwa 20 km südöstlich von Salamanca, am rechten Ufer des Río Tormes, liegt das Städtchen Alba de Tormes. Etwa 5000 Einwohner hat es. Dort hatte Teresa im Jahre 1571 ein Kloster gegründet. Dort starb sie am 4. Oktober 1582. Dort befindet sich ihre Grabstätte, geschmückt mit den Dokumenten der Ehren, die ihr im 20. Jahrhundert zuteil wurden: Ehrendoktorat der Universität Salamanca (1922), Erhebung zur Schutzpatronin der spanischen Schriftsteller (1965), Ernennung zur Kirchenlehrerin (1970).

Im September 1582 hatte ihr Beichtvater und Provinzial, Pater Gracián, sie dorthin zu gehen geheißen. Sie war todmüde und todkrank. Man bettete sie ins Krankenzimmer, mit Blick auf die Wasser des Tormes, die sie so sehr liebte. Sie betete viel, vor allem immer wieder die Worte: »Ein zerbrochenes und zerschlagenes Herz wirst du, o Gott, nicht verschmähen.« Sie bekräftigte ihre Liebe und Treue zur Kirche – »Enfín, Señor, soy hija de la Iglesia – Schließlich, Herr, bin ich Tochter der Kirche«[81] – jener Kirche, die ihr durch Nuntius und Ordensleute und unverständige Beichtväter soviel Steine auf den Weg gelegt hatte und die ihr trotzdem bergendes Zuhause, Gemeinschaft des Heils, Stiftung Christi geblieben war. Sie sprach – so wird uns überliefert –, als ihr die Wegzehrung gereicht wurde, die Worte: »Mein Herr und Bräutigam! Die ersehnte Stunde ist gekommen. Es ist Zeit, daß wir uns sehen, mein Geliebter, mein Herr! Es ist Zeit, daß ich mich auf den Weg mache! Brechen wir auf, die Stunde ist da!«[82]

Der Tod hatte für sie seit langem jeglichen Schrecken verloren. War er doch für sie der Übergang aus der Welt, die nur ein Traum ist, in die eigentliche Wirklichkeit[83], die »unsere wahre Heimat« ist, derweil »wir hier nur Pilger sind«[84]. Teresa war wie Paulus, der von sich sagen konnte: »Für mich ist Christus das Leben und Sterben Gewinn.« (Phil 1,21)

Wiederholt hat sie ihre Umgebung wissen lassen, was ihr der Tod bedeutet: »Mir bleibt auch nur eine ganz geringe Angst vor dem Tod . . .; wer Gott wirklich geliebt und den Dingen dieses Lebens entsagt hat, der wird viel sanfter sterben.«[85]

Ja, sie empfindet nicht nur kaum noch Angst vor dem Tod, sondern geradezu Sehnsucht nach dem Tod. Weiß sie doch, »wie sehr sich hienieden unser Wille dem Gegenteile von dem zuneigt, was der Wille Gottes ist. Gott will, daß wir die Wahrheit lieben, und wir lieben die Lüge; er will, daß wir nach dem Ewigen trachten, und wir neigen uns dem Vergänglichen zu; er will, wir sollten große und erhabene Dinge anstreben, und wir begnügen uns mit den niedrigen Dingen dieser Erde; er will, wir sollten nur das Sichere umfassen, und wir wählen lieber das Unsichere.

Das alles ist Trug, meine Töchter«, schreibt sie im Weg der Vollkommenheit (VI, 215 f.)

Und sie zieht daraus die Konsequenz: »Darum laßt uns Gott bitten, daß er uns für immer von den Gefahren dieses Lebens befreie und von allem Übel erlöse!« (VI, 216)

Darum kann sie auch schreiben: »Jene, die die göttlichen Wonnen kosten, ... sehnen sich nach jenem Orte, wo ihnen die Sonne der Gerechtigkeit nie mehr untergehen wird.« (VI, 215)

Und an anderer Stelle: »Wann werde ich ihn sehen, den Tag, da du ... nicht mehr frei bist zu sündigen, noch frei sein möchtest, weil du, vor allem Elend sicher, ganz eingingst in das Leben deines Gottes.«[86] Oder: »Andere Male erlebe ich ... eine gewaltige Sehnsucht nach Gott ... und ... Sehnsucht nach dem Tod, ... denn das Mittel, um zur Schau Gottes zu gelangen, ist der Tod, der aber nicht in meiner Macht liegt.«[87]

Noch etwas bereitet ihr Trost: »Da mir aber der Herr etwas von dem zeigen wollte, was es dort gibt, kommt mir so manchmal der Gedanke, daß es diejenigen, von denen ich weiß, daß sie dort leben, sind, die mich begleiten und mit denen ich mich tröste, und es kommt mir vor, als wären jene die wahrhaft Lebenden, und als wären die hier Lebenden so tot, daß die ganze Welt mir keine Gesellschaft zu bieten scheint.«[88]

Im Mai 1582, wenige Monate vor ihrem Tod, verfaßte Teresa – inzwischen 67jährig – einen Bericht für den Bischof von Osma, ihren früheren Beichtvater: »O könnte ich doch Euer Gnaden die innere Stille und Ruhe meiner Seele erklären! Sie ist ihrer Seligkeit in Gott so sicher, daß es scheint, als besäße sie sie bereits, auch wenn sie sie noch nicht spürt. Ja, wirklich, die Seele ist zumindest teilweise dem Elend dieser Welt nicht mehr so ausgesetzt wie bisher ... Denn die Seele selbst befindet sich wie im Innern einer Ritterburg, und so verliert sie nie ihren Frieden, auch wenn sie die große Furcht, Gott kränken zu können, nicht verläßt und sie noch sorgfältiger als bisher alles entfernen möchte, was sie an seinem Dienste hindern könnte...

Mir ist, als lebte ich nur noch, um... mir um nichts Sorgen zu machen.... Mich erfüllt nichts als grenzenlose Liebe zu diesem Gott, die, wie mir scheint, immer noch wächst, und die Sehnsucht, daß alle ihm dienen mögen... Nur noch der Wunsch bleibt,... ihm immer besser zu dienen... Dieses bedeutet mir mehr als alle Herrlichkeit des ewigen Lebens.«[89]

Sie will den Himmel nicht haben, um ihn zu genießen, sondern um Gott ihre Liebe zu erweisen: »Ich könnte es nicht ertragen, wenn im Himmel jemand Gott mehr liebte als ich.«[90]

So ging Teresa in den Tod – und so möchte sie, daß auch die anderen – wir – in den Tod gingen!

Johannes vom Kreuz

Johannes vom Kreuz (1542–1591)
(Stich von Adrien Melaer, 17. Jh.)

Im Jahre 1591, am Ende des Jahrhunderts, das die Spanier das goldene nennen, starb der dritte jener Spanier, die als Heilige und Mystiker vielen Menschen zu Begleitern auf ihrem Weg durch dieses dornenvolle Leben geworden sind: Johannes vom Kreuz.

Er fühlte sein Ende nahen. Seine Ordensbrüder wollten die üblichen Sterbegebete verrichten. Er wehrte ab. Nein, nicht diese. Lest mir statt dessen vor aus dem alttestamentlichen Hohenlied der Liebe. Er meinte »jene – wie Goethe sie nannte – herrlichste Sammlung Liebeslieder, die Gott geschaffen hat«.[1] Sie besingen die Liebe zwischen Salomo und Sulamit. Sie wurden jedoch in die Sammlung der biblischen Schriften aufgenommen, und von altersher haben sie dazu gedient, der Liebe zwischen Gott und Mensch Ausdruck zu verleihen.

Der Bitte des Johannes wurde entsprochen. So vernahm er, kurz bevor er den letzten Atemzug tat, die Worte:

>*»Horch! Mein Geliebter!*
> *Er kommt!*
> *Er springt über die Berge.*
> *Er hüpft über die Hügel.*
> *Draußen steht er.*
> *Er schaut durch die Fenster.*
> *Er späht durch die Gitter.*
> *Und er spricht zu mir:*
> *Steh auf!*
> *Komm!*
> *Vorbei ist der Winter.*

Verrauscht ist der Regen.
Auf der Flur erscheinen die Blumen.
Die Zeit zum Singen ist da!« (Hld 2,8–12)

So also wollte Johannes aus dem Leben scheiden, und so schied er aus dem Leben:

Im Gedenken daran, daß hinter all den Bergen von Elend, Not und Tod einer lebt, dessen Herz für uns schlägt; daß die Antwort auf alle Fragen das eilende Kommen dessen ist, der uns liebt;

und daß dieser eine, der uns liebt, eben der ist, den wir selbst ein Leben lang gesucht, erhofft, erwartet haben, den wir geliebt haben, ohne ihn zu kennen.

Doch jetzt ist der Winter vorbei, der Regen verrauscht.
Er selbst kommt zu uns
und mit ihm die Sonne, die Blumen, der Frühling:
die Zeit zum Singen ist da!

Ist das alles nicht zu schön, um wahr zu sein? Sind das nicht lediglich fromme Anmutungen eines Ordensmannes, der nichts kennt als seine Klosterzelle und ein bißchen Weihrauch und viel Alleluja? Der nicht ahnt, wie es in der Welt zugeht? Der noch nie etwas gehört hat von Auschwitz, von Hiroshima, von Sarajewo? Der nicht weiß, wie einem zumute ist, wenn man als Kind seine Eltern verliert oder als Eltern sein Kind oder als Liebender den Geliebten? Dem es nie in den Sinn gekommen wäre, mit Gott zu hadern, Gott anzuklagen, Gott bohrende Fragen zu stellen, wie der Dulder Ijob es tat, als er eine Hiobsbotschaft nach der anderen erhielt, oder der Prophet Jeremia, der aufschrie: »Ach wäre ich doch nie geboren!« (Jer 15,10), oder wie der vor einigen Jahren verstorbene Tübinger Professor Fridolin Stier in seinen Büchern »Vielleicht ist irgendwo Tag« und »An der Wurzel der Berge«?[2]

Aber stimmt das denn? Weiß Johannes vom Kreuz wirklich nichts von Bosheit, Angst und Verzweiflung, so wie wir sie immer wieder erfahren müssen?

Und ob er davon weiß! Er war eben nicht der fromme Klostermann, der unberührt von den Leiden dieser Welt seine Psalmen sang. Das Leid dieser Welt war auch sein eigenes, und der Beiname »vom Kreuz«, den er im Kloster seinem Taufnamen »Johannes« beifügte, blieb kennzeichnend für ein Leben, das vom Anfang bis zum Ende ein Kreuzweg war.

Es beginnt mit seiner Geburt in Armut. Sein Vater, Gonzalo de Yepes, stammt zwar aus adeligem Hause. Aber als er die hübsche, jedoch bettelarme Catalina Alvarez heiratet – bloß aus Liebe –, wird er enterbt. Und zu allem Überfluß stirbt er auch noch kurz nach der Geburt des Johannes. Seine Frau, des Johannes Mutter, erhält von den reichen Verwandten ihres Mannes nichts. Sie versucht, als Weberin für sich und ihre drei Kinder das Allernotwendigste zu verdienen. Doch es reicht nicht. Als Johannes neun Jahre alt ist, gibt sie ihn in ein Waisenhaus. Dort will man Johannes einen Beruf erlernen lassen. Er wird Zimmermann, Schneider, Bildschnitzer, Maler – alles nur für kurze Zeit. Denn überall wird er wieder entlassen. Er ist offenbar zu ungeschickt.

Schließlich findet er eine Anstellung als Krankenpfleger in einem Seuchenspital für Syphiliskranke. Der Krankenhausdirektor wird auf ihn aufmerksam. Er schickt ihn zu den Jesuiten in die Schule. Vielleicht könnte er ja eines Tages Krankenhausseelsorger werden.

Aber Johannes will etwas anderes. Priester schon, aber ohne Pfründe. Er geht ins Kloster, zu den Karmeliten. Diese lassen ihn an der berühmten Universität in Salamanca studieren: Philosophie, Theologie, vor allem Bibelwissenschaften und Geschichte der Kirchenväter und der Mystik. Doch die Karmeliten sind dem Johannes nicht streng genug. Er will mehr Einsamkeit. Er erwägt, zu den Kartäusern überzutreten. Teresa von Avila hält ihn davon ab. Sie bewegt ihn, in seinem Orden zu bleiben. So wie sie, Teresa, den weiblichen Zweig des Ordens reformierte und dort die ursprüngliche Regel wieder einführte, so soll Johannes den männlichen Zweig reformieren.

Johannes machte sich mit Eifer ans Werk – zuerst als Subprior und Novizenmeister in Duruelo, Mancera de Abajo und Pastrana, dann als Rektor des Ordenskollegs in Alcalá de Henares und schließlich als Beichtvater in dem Nonnenkloster zur Menschwerdung in Avila, wohin Teresa ihn geholt hatte.

Sein Eifer weckte Widerstand. Jeder, der etwas Neues will, reizt zur Opposition. Die, die Johannes' und Teresas Reformbemühungen nicht mitmachen wollten, zögerten nicht lange. Sie lauerten ihm auf und sperrten ihn einfach ein – zuerst nur kurz in Medina del Campo, gewissermaßen als Warnung, dann aber, als er diese Warnung mißachtete, richtig, und zwar acht Monate lang in Toledo. In einer Dezembernacht des Jahres 1577 wurde er heimlich entführt. Kein Mensch wußte, wo er geblieben war, nicht einmal König Philipp II., an den Teresa sich in ihrer Not gewandt hatte.

Sie ahnte nicht, wo Johannes steckte und was ihm da blühte: daß man ihn in dem Kloster der Nicht-Reformierten in Toledo in ein dunkles Loch gesperrt hatte, wo er ohne jede Verbindung zur Außenwelt war, wo er keine Briefe empfangen und schreiben durfte, auch keine Bücher zu lesen bekam, wo man ihm sogar den Sakramentenempfang verweigerte, wo seine einzige Teilnahme am liturgischen Jahr der Kirche darin bestand, daß er freitags von seinen Brüdern gegeißelt – sprich: ausgepeitscht – wurde.

Aber Johannes stirbt nicht in seinem finsteren Verlies, wie seine Peiniger es heimlich wünschten. Er schafft es, sich zu befreien, indem er zunächst seinen neuen Wärter, den er nach sechs Monaten erhält, dazu bewegt, ihm zu gestatten, selbst sein Nachtgeschirr zu leeren, so daß er die Örtlichkeiten inspizieren kann, und indem er dann schließlich eines Nachts seine beiden Decken in Streifen reißt, diese aneinandernäht (Nadel und Zwirn hatte er von seinem Wärter erbeten), sich an ein Fenster im Obergemach schleicht, das Deckenseil an dem Fester befestigt und sich daran herunterläßt, wobei sich das Seil als zu kurz erweist, so daß er die letzten eineinhalb Meter springen muß. Er ist gerettet!

Johannes fand Aufnahme zunächst bei den reformierten Nonnen in Toledo, die nicht wenig erstaunt waren über diesen nächtlichen Besucher, und schließlich bei seinen Brüdern, den Reformierten, die ihn zunächst einmal nach Andalusien schickten. Dort war er sicherer. Er wurde Prior des Klosters El Calvario bei Jaen, Rektor des Studienkollegs in Baeza, Prior des Klosters Los Mártires in Granada, Provinzialvikar für Andalusien. Schließlich muß er Andalusien wieder verlassen. Er wird Prior in Segovia und gleichzeitig erster Definitor und damit stellvertretender Leiter der ganzen, inzwischen selbständig gewordenen Ordensprovinz der Reformierten.

Aber die ihm nach seiner Flucht verbleibenden vierzehn Jahre waren weit davon entfernt, eitel Friede und Freude zu sein. Da waren zunächst die Verdächtigungen und Schnüffeleien und Beargwöhnungen der allgegenwärtigen Inquisition, die viele seiner Brüder und Schwestern veranlaßten, seine Schriften – besonders seine Briefe – zu verbrennen, damit sie nicht in die Hände seiner Häscher fielen. Hinzu kamen die Spannungen, Rivalitäten, Anfeindungen innerhalb seines eigenen, des reformierten Ordens. Sie führten dazu, daß man ihn eines Tages aller seiner Ämter wieder entkleidete, auch erwog, ihn nach Mexiko abzuschieben

– wozu er sich auch bereit erklärt hatte –, und ihn schließlich als einfachen Mönch in ein weltentlegenes Kloster in Andalusien verbannte, wo ihn die Krankheit ereilte, die zu seinem Tode führen sollte, und zwar nicht so sehr wegen der Schwere der Krankheit, sondern im Grunde nur, weil ein ihm feindlich gesonnener Prior ihm die notwendige Pflege und Hygiene verweigerte und sich erst dann dazu bequemte, einen Arzt zu rufen, als es zu spät war, so daß Johannes mit nur 49 Jahren sterben mußte – elend, verlassen, verkommen – wie Jesus am Kreuz!

Und doch: Aller Schmerz, den Menschen ihm zufügten, war nur ein Kinderspiel gegenüber jenen schauervollen, angsterfüllten, grauenhaften Nächten der Sinne und des Geistes, die Gott ihn durchleben und durchleiden ließ und von denen er in seinem Buch »Die dunkle Nacht« berichtet. »Das Seufzen des Todes umgab mich, die Qualen der Hölle umfingen mich.« So beschreibt er mit Worten des 18. Psalms die Schmerzen, die ihm die Begegnung mit dem unendlich anderen Gott bereitete und die ihn sein Schicksal mit dem des Ijob vergleichen ließ. Denn er mußte erfahren: zu Gott zu gelangen setzt voraus, daß man aufhört, nur an sich zu denken und nur um sich zu kreisen, daß man sich losläßt, daß man sich öffnet. Und das tut weh. Denn das ist doch der Fluch, der seit Anbeginn auf dem Menschengeschlecht lastet: das cor curvatum in seipsum, die Neigung, ja die Sucht, nur sich selbst zu sehen, die Weigerung, von sich weg und auf den anderen zuzugehen, die Angst, sich zu verlieren.

Allein, der Schmerz, den die Menschen ihm zufügten, und das Leid, das Gott ihn durchleiden ließ und das ihm erspart geblieben wäre, wenn er sich nicht auf die Suche nach Gott begeben hätte – oder richtiger: wenn Gott ihn nicht an sich gezogen hätte –, alles dies ist nicht das ganze Leben des Johannes. Es gab auch Licht bei allem Schatten.

Dieses Licht brachte ihm vor allem die Begegnung mit Menschen, die ihn sichtbar, spürbar, geradezu handgreiflich erfahren ließen, daß es Liebe gibt in dieser Welt, und die ihn ahnen ließen, daß es im Grunde nur Liebe ist und nur Liebe sein kann, die das Ganze zusammenhält, und daß die menschliche Liebe, die er immer wieder erfuhr, vielleicht, nein, gewiß ein Widerschein jener Liebe ist, die das Weltall trägt und die über Menschen, die lieben, Eingang in diese Welt finden will.

Da war zunächst die Begegnung mit Teresa, der großen Heiligen. Johannes zählte 25, als sie sich zum ersten Male trafen, Teresa 52. Es war ein unmittelbares Sich-Verstehn, »Liebe auf den ersten Blick«, und der Beginn einer lebenslangen Freundschaft. Zeugnis davon sind die zahlreichen Briefe, die die beiden einander geschrieben haben, die aber alle verlorengegangen sind – teils aus Nachlässigkeit, teils aus bewußtem Verzicht auf menschliche Anhänglichkeit, teils aus Vorsicht gegenüber dem mißtrauischen Auge der Inquisition.

Diese erste Begegnung genügte, um Johannes auf seinen Wunsch, den Orden zu verlassen und zu den Kartäusern überzuwechseln, verzichten zu lassen und um ihn bis zu seinem Lebensende zu einem glühenden Verfechter der teresianischen Reform zu machen.

Und für Teresa genügte diese erste Begegnung, um in Johannes, wie sie selber sagte, einen gotterleuchteten Mann und den eigentlichen Vater ihrer Seele[3] zu erkennen und um ihn, sobald sie konnte, nach Avila zu holen, damit er dort der Beichtvater der Schwestern im Menschwerdungskloster würde, denen sie den inzwischen Dreißigjährigen vorstellte mit den Worten: »Ich bringe Ihnen, meine Damen, als Beichtvater einen Heiligen.«[4]

Sogar in der Dunkelheit seiner Gefängniszelle fand Johannes in dem neuen Wärter, den er nach sechs Monaten

Haft erhielt, jemanden, der ihm Liebe schenkte. Diese Liebe äußerte sich zunächst als Mitleid. Sie bewog den Wärter, ihm Schreibpapier und Tinte und eine Kerze zu überlassen, damit er aufschreiben könnte, was ihn erfüllte. (Es sollten seine schönsten Gedichte sein, vor allem der Hauptteil seines dem alttestamentlichen Hohenlied der Liebe nachempfundenen Geistlichen Gesanges.) Das Mitleid, das sein Wärter mit ihm empfand, wurde darüber hinaus in wachsendem Maße zur Hochachtung vor dem Heiligen, als welchen er diese elende Hiobsgestalt erkannte, die er bewachen mußte.

Der Liebe begegnete Johannes schließlich auch in der Zuneigung seiner Novizen, seiner Beichtkinder – nicht zuletzt auch in den Nonnenklöstern, die er seelsorglich betreute – sowie der Ratsuchenden, die sich in sein Sprechzimmer drängten. Mit vielen stand er zeitlebens in brieflichem Kontakt. Einigen hat er als Zeichen seiner Verehrung und Dankbarkeit seine Bücher gewidmet, so der Doña Ana de Peñalosa, die er in Granada kennengelernt hatte und für die er sein letztes Prosawerk schrieb, und der Priorin Ana de Jesús, die später Teresas Reformwerk nach Frankreich und Belgien tragen sollte und der er den Kommentar zu seinem Geistlichen Gesang widmete.

Aber nicht nur von Menschen hat Johannes Liebe erfahren. Er hat sie auch erfahren in der Begegnung mit Gott, dem unendlich anderen (und darum so furchterregenden) und uns zugleich so nahen (und deshalb so faszinierenden und zur Liebe und zur Anbetung hinreißenden). Von seiner, Gottes, Allmacht und Liebe will Johannes in seinen Liedern Kunde geben und uns sagen: Der, der uns liebt, ist allmächtig; er hat die Zügel in der Hand; er ist der Steuermann. Und der, der allmächtig ist, ist zugleich der, der uns liebt, der es gut meint mit uns, der uns mit seinen Wohltaten überhäufen, ja uns sich selber schenken will.

In dem Begleitschreiben, mit dem Johannes den Kommentar zu seinem Geistlichen Gesang der Priorin Ana übersandte, bemerkt er ausdrücklich, daß die Strophen dieses Liedes mit einer glühenden Liebe zu dem Gott geschrieben seien, dessen Weisheit und Liebe das All von einem Ende zum anderen durchwaltet.

An sich sollte man meinen, eine solche Feststellung sei für einen Geistlichen ganz normal. Dennoch läßt sie uns aufmerken und fragen: Und woher weiß Johannes, daß Gottes Weisheit und Liebe das All von einem Ende zum anderen durchwaltet?

Hat er das nur aus Büchern abgeschrieben, zum Beispiel aus dem alttestamentlichen Buch der Weisheit, wo man das tatsächlich nachlesen kann (Weish. 8,1) und worauf Johannes selbst auch in diesem Begleitbrief hinweist?

Oder hat er das einfach geschlußfolgert und sich gesagt: Wenn es schon soviel Haß und Feindschaft und Verfolgung auf dieser Erde gibt und sie trotzdem nicht auseinanderbirst, so muß es gerade deshalb eine große, alles bergende Liebe geben, die das Ganze zusammenhält, eine große Liebe, von der die Zeichen der Liebe, die ich in der Begegnung mit Menschen erfahren durfte, nur ein kleiner Reflex sind?

Oder hat Johannes das selbst unmittelbar erfahren? Ist er der Liebe selbst begegnet und hat er diese als die eigentliche Wirklichkeit erfahren, die hinter allem Wirklichen wirklich ist, als das Jenseits, das das Diesseits trägt, als die Antwort, die allem Fragen ein Ende bereitet?

Aber – so fragen wir und müssen wir fragen, auch wenn wir die Antwort schon hundertmal gehört haben – gibt es das? Eine Wirklichkeit hinter allem, was wirklich ist? Ein Jenseits, das das Diesseits trägt? Eine Antwort, die auch die Rätsel meines Lebens löst?

Und wenn es ein solches Jenseits gibt, kann man ihm dann begegnen? Wohnt Gott – und so nennen wir ja seit alters her diese jenseitige, alles beantwortende Wirklichkeit – wohnt Gott nicht in unzugänglichem Lichte? Sagen nicht die alttestamentlichen Psalmen selbst, er sei wie ein Schiff auf dem Meer, das keine Spuren hinterläßt (Ps 77,20)? Und ist nicht jedes Wort, das er spricht – wenn er überhaupt eines spricht – , so unendlich anders, daß niemand es versteht? Muß er nicht, wenn wir »sind«, das schlechthinnige »Nicht-Sein« sein? Y en el monte NADA – und auf dem Berge der Gotteserkenntnis NICHTS, wie Johannes selber schreibt?

Und doch, und doch! Es gibt die Propheten, die Heiligen, die Mystiker: Menschen, die diese jenseitige Wirklichkeit, die wir Gott nennen, erfahren haben und die von ihrer Erfahrung Zeugnis ablegen, die Boten seiner Anwesenheit, seiner Allmacht, seiner Güte sind, die Licht in das Dunkel unserer Tage bringen und die im Grunde die einzigen sind, an die wir uns klammern und auf die wir bauen können.

Es gibt Abraham. Es gibt Mose. Es gibt Paulus. Es gibt Augustinus. Es gibt Ignatius. Es gibt Teresa. Und es gibt Johannes vom Kreuz und die jedem zugänglichen Zeugnisse seiner Begegnung mit Gott: Gedichte, die an Schönheit ihresgleichen suchen, so daß die, die es wissen müssen, geradezu miteinander wetteifern, um ihren Wert zu preisen. »Der gößte Sänger seiner Epoche«, sagt ein Deutscher – Reinhold Schneider[5]. »Einer der größten Dichter Spaniens und der Welt«, sagt ein Franzose – Jacques Maritain[6]. »Eine der reinsten lyrischen Stimmen, die je erklungen sind«, sagt ein Spanier – Juan Luis Alborg[7].

Und was lesen wir in diesen Gedichten?

»Trunken war ich, wie von Sinnen« – so heißt es in seinem Gedicht über eine seiner Entrückungen oder Verzückungen oder, wie es im Titel dieses Gedichtes heißt, »Ekstasen« – »Trunken war ich, wie von Sinnen, hingerissen, außer mir« – hingerissen, so wie einer, der in einem Augen-

Blick in die imposant ausgestattete Kathedrale von Granada

blick taumeln machenden Glücks den findet, den er ein Leben lang gesucht, auf den er gewartet hat, ohne ihn zu kennen, und der ihn mit einem Schlage aus einem Hoffenden zu einem Besitzenden, aus einem Umglücklichen zu einem Glücklichen, aus einem Klagenden zu einem Tanzenden (vgl. Ps 30,12) macht.

Und wie das Ganze? Johannes sagt es uns, indem er fortfährt:

> *»Blieb dabei doch mein Empfinden*
> *jeglichen Empfindens bar,*
> *und der Geist sah sich beschenket*
> *mit Verstehn, das nicht verstand,*
> *alles Wissen übersteigend.«*

Es war kein Empfinden: ich habe ihn nicht gehört und nicht gesehen und nicht gerochen und nicht geschmeckt und nicht gefühlt; und es war auch kein Verstehen, kein Wissen, kein Begreifen; und doch war er da, doch habe ich es erlebt, doch habe ich es erfahren.

Ja, was war es denn?

> *»O Leben, Liebe, Feuer,*
> *wie zart und tief hast du*
> *mich bis ins Herz verwundet.«*

So singt Johannes in einem anderen Lied. Und sein wohl bekanntestes Gedicht, das er selbst in zwei Anläufen kommentiert hat, enthält (zu Beginn und in der Mitte) die Verse:

> *»In einer dunklen Nacht*
> *voll Liebe, voll Verlangen*
> *– o Glück, das selig macht –*
> *bin leis ich fortgegangen.*

Es führte mich das Licht,
das mir mein Herz verwahrte,
in blinder Zuversicht
zu dem, der meiner harrte.«

Das also war es: etwas, das auf ihn zukam und ihn bis ins innerste Herz traf und Leben, Liebe, Feuer war – und etwas, auf das er selbst zuging, auf das er selber stieß und das dem innersten Sehnen seines eigenen Herzens entsprach.

Mit anderen Worten: Nicht nur Liebe hat Johnnes hinter allem gefunden, sondern genau die Liebe, auf die er wartete, nach der er sich sehnte, die allein ihm Erfüllung bedeutete.

Denn das ist doch die eigentliche Erfüllung: von dem geliebt zu werden, den man selber liebt, und umgekehrt: den lieben zu dürfen, der auch mich mit ungestümer Liebe liebt.

Und wenn Johannes sich an dem Frage- und Antwortspiel hätte beteiligen können, das das Frankfurter Magazin, eine Übung von Marcel Proust aufgreifend, jeden Freitag bringt, dann hätte er ohne Zweifel auf die Fragen nach seinem Traum vom Glück eben dies geantwortet: von dem geliebt zu werden, den ich selber liebe, und den lieben zu dürfen, der auch mich liebt.

Und dieses beseligende Glück – o dichosa ventura!, sagt er, o Glück, das selig macht! –, das hat er in der Begegnung mit Gott erfahren!

Sind das alles nur Träumereien, was Johannes da sagt und singt? In gewisser Weise ja – weil wir das nicht beweisen können wie einen mathematischen Lehrsatz. Aber in ebenso gewisser Weise nein, weil wir doch das Urteil der Kirche haben.

So wie die Kirche die Briefe des Paulus und den Bericht über seine Begegnung mit dem Auferstandenen auf dem

Wege nach Damaskus in die Sammlung der kanonischen Schriften, die das Neue Testament bilden, aufgenommen und damit beglaubigt hat, so hat dieselbe Kirche auch den Johannes vom Kreuz und mit ihm seine Schriften heiliggesprochen, und sie hat ihn obendrein noch in diesem zwanzigsten Jahrhundert und für dieses zwanzigste Jahrhundert zum Kirchenlehrer ernannt.

Und noch etwas bleibt uns außer diesem positiven Votum der Kirche. Es ist die Hoffnung, die unausrottbare Hoffnung, »diese kleine Hoffnung, die nach so gar nichts aussieht, dieses kleine Mädchen Hoffnung«, wie Charles Péguy uns sagt[8], die Hoffnung nämlich, daß wir einmal lieben und uns aussprechen und uns loslassen dürfen nach Herzenslust – und daß einmal der kommt, der uns wirklich und ungeheuchelt und für immer liebt, und wir uns lieben, mit Worten betören und mit Geschenken überhäufen lassen dürfen nach Herzenslust, so daß uns die Sinne vergehen – wie dem Johannes – und daß wir und ebenso die, die wir lieben und denen wir nur Gutes wünschen, einmal, wenn das Leben zu Ende geht, erfahren dürfen: ich habe Gott gefunden, und Gott hat mich gefunden (denn was sonst ist der Tod!), und daß wir und sie dann vernehmen dürfen, was Johannes an jenem 14. Dezember 1591, an dem er starb, kurz vor Mitternacht vernahm:

> *»Vorbei ist der Winter.*
> *Verrauscht ist der Regen.*
> *Auf der Flur erscheinen die Blumen.*
> *Die Zeit zum Singen ist da!«*

Eine der ältesten Darstellungen von Johannes vom Kreuz.
(Ölgemälde auf Holz, Granada)

Das Kloster von Toledo
(Zeichnung von Hye Hoys, 1866–1867)

TOLEDO

»Toledo ist eine Stadt voller Leben, geschaffen aus widersprüchlichen und doch harmonisierten Kulturen. Die römische, westgotische, arabische, mozarabische, jüdische, die christliche und die kaiserliche – jede hat ihre religiösen, militärischen und künstlerischen Schöpfungen hinterlassen. Die Stadt ist ein einziges großes Museum für Kunst und Architektur. Schriftsteller und Künstler von Rang sind hier geboren worden oder haben hier ihre Ausbildung empfangen: Garcilaso, Cervantes, Lope de Vega, Góngora, Calderón...

Beim Mesón del Sevillano, nur wenige Meter vom Karmelitenkonvent entfernt, läßt Cervantes seinen Roman ›La ilustre fregona‹ spielen. Teresa hat hier in Toledo den ersten Teil der Inneren Burg geschrieben. Zur selben Zeit ließ sich in der Stadt El Greco nieder, der sich als Mensch und Künstler ganz mit Toledo identifiziert...« So schreiben Ulrich Dobhan und Reinhard Körner in ihrer Johannes-Biographie.[9]

Das Kloster der (nicht-reformierten) Karmeliten lag oberhalb der Stadtmauer, nahe der Alcántarabrücke, damit auch nahe dem Rio Tajo, der in tiefer Schlucht die Stadt an drei Seiten umfließt. In dieses Kloster wurde Johannes vom Kreuz in großer Heimlichkeit verschleppt. Acht Monate sollte er dort in einem finsteren Verließ büßen für das, was die dortigen Klosterbrüder als Rebellion ansahen.

Das Kloster selbst ist nicht mehr da. 1806 wurde es von den Truppen Napoleons zerstört. Aber an der Stelle, wo sich Johannes einst abgeseilt hatte und wo ihm die Flucht gelungen war, hoch über der Straße, die zur Alcántarabrücke führt, steht in großen weißen Lettern die erste Strophe eines Gedichts, das allein schon seinen Autor – Johannes vom Kreuz – berühmt gemacht hatte – wegen seiner anmutigen Form, Lira genannt, wie sie der Dichter Garcilaso de la Vega den Italienern abgelauscht und in Spanien heimisch gemacht hatte, und wegen seines Inhalts. Drückt Johannes darin doch unter dem Bilde der Befreiung aus der Haft das aus, was ihm überhaupt sein Leben mit Gott bedeutete.

Dieses Gedicht ist das Lied von der dunklen Nacht. Im Spanischen lautet seine erste Strophe:

> *En una noche oscura,*
> *con ansias, en amores inflamada,*
> *!o dichosa ventura!*
> *salí sin ser notada,*
> *estando ya mi casa sosegada.*

Das ganze Gedicht lautet in deutscher Übersetzung:

1. Um mich Dunkelheit und Nacht.
In mir Angst und Sehnsucht, Liebe, Feuer!
Welch ein Glück! Welch selig Abenteuer!
Ich entwich, blieb ungesehn,
ließ mein Haus in Ruhe stehn.

2. Dunkel war es, aber sicher.
Ich vermummt. Geheim die Leiter.
Welch ein Glück! Welch Abenteuer!
Dunkel war es. Ich, versteckt,
ließ mein Haus in Ruhe stehn.

3. Nacht voll Glück und Seligkeit!
Heimlich alles. Niemand sah mich.
Ich sah nichts.
Licht und Führer
war die Glut in meinem Herzen.

4. Diese führte mich
sich'rer als das Mittagslicht
dorthin wo – das wußte ich –
einer auf mich wartete,
keiner aber sonst erschien.

5. Nacht, du warst der Führer!
Nacht, viel lieber als das Morgenrot!
Nacht, du schenktest Einssein
der Geliebten, des Geliebten,
der in sich sie wandelte.

6. *An mein Herz sich schmiegend,*
das nun voller Blüten war,
nur für ihn bereitet,
schlief er ein, und ich beschenkt' ihn.
Kühlung bracht' der Zedernfächer.

7. *Lüfte von der Festung Zinne*
streiften ihm das Haar,
streiften mir den Hals –
sanft und doch versehrend –,
ließen schwinden mir die Sinne.

8. *Bei ihm bleibend, mich vergessend,*
mich zu dem Geliebten neigend –
so gab ich mich auf.
Meine Kümmernisse schwanden –
unter Lilien vergessen.[10]

Verfaßt hat Johannes dieses Lied kurz nach seiner Flucht aus dem Klostergefängnis in Toledo. Es war in der Stille des Klosters El Calvario bei Jaen in Andalusien. In Andalusien, und zwar in Granada, schrieb er einige Jahre später auch seine beiden Kommentare zu diesem Gedicht, einen unter dem Titel »Aufstieg zum Berge Karmel« und einen unter dem Titel »Die dunkle Nacht«. Beide sind unvollendet geblieben. Und von beiden gilt, was Johannes in dem Prolog zu der von ihm vorgelegten Ausdeutung seines Geistlichen Gesanges schreibt, nämlich, daß er sich außerstande sieht, die einzelnen Strophen angemessen zu erklären. Daher sei es besser, daß jeder sie sich gemäß seiner eigenen Fassungskraft aneignet, ohne sich von einem anderen Vorschriften machen zu lassen, wie er sie verstehen soll. Solche Vorschriften würden ohnehin nur eine Einengung bedeuten.

Damit sagt Johannes im Grunde nur das, was für jedes Kunstwerk gilt. Meint es doch in diesem einen das Ganze, das aber heißt: will es doch jedem etwas sagen, nicht einmal jedem dasselbe, und ist es doch letztlich unausschöpflich.

Auch die nachfolgenden Hinweise wollen alles andere sein als eine erschöpfende Interpretation. Sie sind gedacht als Hilfen, das eine oder andere des von Johannes Gemeinten zu verstehen – und damit auch das eine oder andere unseres eigenen ach so verworrenen Weges zu dem unbegreiflichen Gott.

Das Gedicht beginnt mit einem dreizeiligen Präludium.

Erste Zeile: Es ist dunkel. Es ist Nacht. Nicht nur in dem Gefängnis von Toledo. Wer möchte Johannes da nicht zustimmen! Wer hat nicht selbst schon Situationen der Ausweglosigkeit, des Nicht-mehr-weiter-Wissens und Nicht-mehr-weiter-Könnens erfahren! Wer muß nicht Fragen über Fragen stellen, auf die ihm niemand eine Antwort gibt!

Zweite Zeile: Die Antwort, die sich ungebeten einstellt, ist die Angst. In der Welt habt ihr Angst, sagt der Herr (Joh 16,33) – Angst geradezu als Grundbefindlichkeit des Daseins. Aber da: in der Angst glimmt noch Sehnsucht (im Spanischen meint ansias sowohl das eine als auch das andere), Hoffnung, Nicht-verzweifeln-Wollen – trotz allem nicht.

In dieser Situation der Ausweglosigkeit und des bangenden Wartens auf Rettung (Stephan George übersetzt diese zweite Zeile mit: »Voll liebesflammen und *voll bangem beben*«[11]) widerfährt Johannes etwas, was über ihn kommt wie ein Dieb in der Nacht, was er nicht bewerkstelligen, ja kaum erhoffen kann. Und was da auf ihn zukommt, nennt er Liebe, Feuer – etwas, das ihn verschlingt, verzehrt, verbrennt, verwandelt.

Im Kerker von Toledo noch hatte er ein anderes Gedicht verfaßt, besser: war ein anderes Gedicht seinem Herzen entsprungen und ihm in die Feder geflossen, eine Nachdichtung des 137. Psalms. Sie beginnt wie dieser mit den Worten: »An den Flüssen Babylons«. Wie die Lage der in die babylonische Gefangenschaft verschleppten Israeliten will ihm darin sein Schicksal erscheinen. Doch dann, mitten in die Beschreibung des harten Loses der Israeliten (und damit seines eigenen Loses) hinein platzen die Worte: Allí me hirió el amor = Dort, in dieser Situation, als ich nicht mehr aus noch ein wußte vor lauter Schmerz, als ich am Ende meiner Kräfte war, von Depressionen heimgesucht und jeglichen menschlichen Beistandes beraubt, dort traf mich der Liebe Pfeil!

In dem Lied von der dunklen Nacht steht gleich die Reaktion auf das Getroffensein von der Liebe Pfeil: en amores inflamada – in Liebe entbrannt! Die Liebe hat Gegenliebe geweckt, heiße, brennende Gegenliebe. Wessen Liebe hat wessen Gegenliebe geweckt? Auch das steht da. Denn Johannes bezieht das auf ein weibliches -a endende inflamada auf sich. In der vierten Zeile sagt er ja salí = *ich entwich*. Durch diese weibliche Endung auf -a verrät er zudem, daß er sich als Braut versteht und den, der ihn mit seiner Liebe zur Gegenliebe entflammt hat, als seinen Bräutigam. Aber das ist noch nicht alles. Er verrät allein durch diese Endung -a, daß Christus dieser Bräutigam ist. Reiht Johannes sich doch eben dadurch ein in eine Tradition, die auf Gregor von Nyssa und erst recht auf Bernhard von Clairvaux zurückgeht. Und in dieser Tradition wird Christus als Bräutigam und der einzelne Mensch – »die« einzelne Menschenseele – als seine Braut verstanden (und nicht nur, wie bei Paulus, die Kirche in ihrer Gesamtheit).

Johannes erfährt sich als von Christus, dem Gottmen-

Das kaiserliche, vom Rio Tajo in tiefer Schlucht an drei Seiten umflossene Toledo, Hauptstadt schon des Iberer- und des Westgotenreichs, später Residenz der kastilischen Könige und auch des Kaisers

Karl V., war für Johannes vom Kreuz zugleich Ort seiner Gefangenschaft und Ort seiner Gottbegegnung, von der er hier in Liedern von geradezu berückender Schönheit zu singen begann.

schen, geliebt! Er weiß sich nicht zu lassen vor lauter Glück und Seligkeit. O Glück, o glückliches Geschick, o beseligendes Abenteuer! ruft er aus (in der *dritten* und damit letzten *Zeile* des Präludiums) – ganz im Sinne Nietzsches, der meinte, daß die Sache des Menschen im Grunde nur exklamatorisch – in Seufzern, in Aufschreien, in Jubelrufen – zur Sprache gebracht werden könne[12].

Johannes steht mit dieser in den einleitenden drei Zeilen besungenen und bejubelten Erfahrung nicht allein.

Augustinus etwa bekennt, daß ihm ähnliches widerfahren ist:»Du hast mich berührt, und ich bin entflammt.« (x, 27,38)

»Manchmal entrücktest du mein Inneres in einen so ungewöhnlichen Zustand unsäglichen Glücks.« (x, 40,65)

»Was ist das, was je und je mir aufblitzt und mir das Herz trifft, so daß ich erschrecke und entbrenne?« (xi, 9,11)

An anderer Stelle will dem Augustinus dieses beseligende Glück, das ihm das Angerührtsein von Gottes Gegenwart bedeutete, wie eine Vorwegnahme der himmlischen Seligkeit erscheinen. Er beschreibt und vergleicht, was er erfahren durfte, mit den Worten: »Brächte es einer dahin, daß ihm alles Getöse der Sinnlichkeit schwände, daß ihm schwänden alle Inbilder von Erde, Wasser, Luft, daß ihm schwände auch das Himmelsgewölbe und selbst die Seele gegen sich verstummte und selbstvergessen über sich hinausschritte, daß ihm verstummten die Träume und die Kundgaben der Phantasie, daß jede Art Sprache, jede Art Zeichen und alles, was in Flüchtigkeit sich ereignet, ihm völlig verstummte – denn wer ein Ohr dafür hat, dem sagt das alles: ›nicht wir sind's, die uns schufen, sondern es schuf uns, der da bleibt in Ewigkeit' –, wenn also nach diesem Wort das All in Schweigen versänke, weil es sein Lauschen zu dem erhoben hat, der es erschaffen, und wenn nun Er allein spräche, nicht durch die Dinge, nur durch sich selbst, so daß wir sein Wort vernähmen nicht durch Menschenzunge, auch nicht durch Engelsstimme und nicht im Donner aus Wolken, nicht auch in Rätsel und Gleichnis, sondern Ihn selbst vernähmen, den wir in allem Geschaffenen lieben, Ihn selbst ganz ohne dieses, wie wir eben jetzt uns nach ihm reckten und in windschnell flüchtigem Gedanken an die ewige, über allen beharrende Weisheit rührten; und wenn dies Dauer hätte und alles andere Schauen, von Art so völlig anders, uns entschwände und einzig dieses den Schauenden ergriffe, hinnähme, versenkte in tiefinnere Wonnen, daß so nun ewig Leben wäre, wie jetzt dieser Augenblick Erkennen, dem unser Seufzen galt: Ist nicht dies es, was da gesagt ist: ›Geh ein in die Freude deines Herren‹? Und wann das? Dann, wenn wir alle auferstehen, aber nicht alle verwandelt werden.« (IX, 10,25)

Um es noch einmal zu wiederholen: »versenkte in tiefinnere Wonnen . . . wie jetzt dieser Augenblick Erkennen«.

Und welcher Art dieses Erkennen ist, hatte Augustinus zuvor gesagt: »Und ich hörte, so wie man mit dem Herzen hört, und fürder war nicht mehr, daß ich noch hätte zweifeln können.« (VII, 10,16)

Nach dieser dreizeiligen Einleitung beschreibt Johannes den abenteuerlichen Weg zu Gott, so wie er ihn gegangen ist. Er tut es nach dem ihm aus den Schriften des Dionysius, des Pseudo-Areopagiten, eines Mystikers des 5. nachchristlichen Jahrhunderts, bekannten neuplatonischen Bild von den drei Stufen, besser: drei Aspekten des Weges zu Gott, nämlich dem Aspekt der Loslösung, der Erleuchtung und des Einswerdens.

Salí – ich entwich. So beginnt der Weg zu Gott.

Ähnliches mußte Abraham erfahren, der Vater aller Glaubenden. Das erste, was die Stimme sprach, die ihn rief, war: Exi – Ziehe weg, lasse los, gib auf. »Ziehe weg aus deinem Land, weg aus deiner Heimat, weg aus deinem

Vaterhaus.« (Gen 12,1) So sagt es die Bibel in wachsender Verdichtung: Das, was dich bisher gefangen hielt und dein Leben ausmachte, ist nicht dein Zuhause. Du bist frei von allem, was die noch bindet, die nicht mit dir ziehen: frei von der Angst um die Bewahrung des Überlieferten; frei von der Sorge um das täglich zu Besorgende; frei auch von der Macht derer, die Frondienste verlangen, Gefängnisse bauen und den Leib töten können. Diese Erde ist nicht dein Zuhause. Dein Zuhause ist Gott.

So fängt die Abrahamsgeschichte an. Und so fängt auch die Geschichte der Begegnung des Johannes mit Gott an. Das erste ist salí, und dieses salí überstrahlt die ersten drei Strophen, ist deren einziges Hauptzeitwort. Alles andere sind nur Erklärungen, Umstandsbeschreibungen, Nebensätze, die dieses eine, auf das es ankommt, umranken.

Dabei meint dieses salí (= ich ließ los, entwich, begab mich auf den Weg) nicht so etwas wie contemptus mundi, Weltverachtung. Es sagt nicht: Verlaßt die Welt total. Es sagt vielmehr: Gebraucht, als gebrauchtet ihr nicht. Das erste, was man – wenn man Gott begegnet – aufatmend (oder auch bekümmert) erfahren muß, ist: Die Welt ist nicht unsere ewige Heimat. Wir sind zu mehr berufen. Wer weint, verhalte sich darum so, als weine er nicht, wer sich freut, als freue er sich nicht, wer kauft, als würde er nicht Eigentümer. So sagt Paulus. Und er fügt hinzu: Denn die Gestalt dieser Welt vergeht. (1 Kor 7,30f.)

Es gibt ein Jesus-Wort, das im Grunde das gleiche besagt. Es steht nicht in der Bibel, wohl aber – in Stein gemeißelt – in einer Stadt in Indien (mit Namen Fathpur Sikri). Es lautet: »Die Welt ist eine Brücke. Geht über sie hinüber, aber laßt euch nicht auf ihr nieder.«[13]

Für die Haltung des Johannes und für das Verständnis des von ihm Gemeinten ist etwas ganz bezeichnend. Es gibt das Jesus-Wort: »Wer nicht allem entsagt, was er besitzt, kann mein Jünger nicht sein.« (Lk 14,33) In seinem ersten Kommentar zu dem Lied von der dunklen Nacht zitiert Johannes dieses Jesus-Wort. Er fügt aber – damit man es nicht mißversteht – hinzu: »Wer nicht allem entsagt, was er *mit dem Verlangen* besitzt.« (s 1 5,2)[14] Das ist es, was man loslassen muß: das Hängen-an, das Sich-Klammern-an, das Fixiertsein-auf, das gierige Verlangen nach – alles das, was uns unfrei macht und am Weitergehen hindert.

Sehr schön beschreibt Augustinus die darin zum Ausdruck kommende Weltsicht. Er bekennt:

>*»Himmel und Erde sind da!*
>*Du, Herr, hast sie erschaffen,*
>*der Du schön bist – denn sie sind schön;*
>*der Du gut bist – denn sie sind gut;*
>*der Du bist – denn sie sind.*
>*Aber nicht in gleicher Weise schön sind sie,*
>*nicht in gleicher Weise gut sind sie,*
>*nicht in gleicher Weise seiend wie Du, ihr Schöpfer,*
>*mit dem verglichen*
>*sie weder schön sind noch gut sind noch seiend sind.«*
>
>(XI 4,6)

Die zweite Stufe oder der zweite Aspekt des Weges zu Gott ist der der Erleuchtung. Johannes verweist auf das Licht, das ihm im Herzen brannte, nicht auf das Licht der Vernunft. Sein Mißtrauen gegenüber der Vernunft bringt er auch an anderen Stellen deutlich zum Ausdruck:

»Alles, was sich von Gott erkennen läßt, mag es noch soviel sein, ist kein eigentliches Erkennen.« (C 6,4)

»Alles natürliche und alles menschliche Wissen ist eher ein Nicht-Wissen, ... Nichtwissen und nicht wissenswert« (C 26,13), Torheit, wie der Apostel sagt (1 Kor 3,19).

»Um zu Gott zu gelangen, muß die Seele mehr im Nicht-verstehen wandeln als im Verstehen.« (s III 5,3).

»Stützt sich daher die Seele auf irgendein eigenes Er-kennen..., so verirrt sie sich leicht..., weil sie sich nicht ganz blind dem Glauben überläßt, der ihr wahrer Führer ist.« (s II 4,3)

Auch hier ist er Schüler des großen Augustinus, der be-kennt, »daß unsere Kraft nicht ausreicht, auf dem Wege der schließenden Vernunft die Wahrheit zu finden...« (VI, 5,8)

Johannes will das natürliche Erkennen nicht schlecht-machen. Er will nur darauf hinweisen, daß es zu wenig ist. Er will »alles, was der Natur eignet,... übersteigen« (s II 4,2). Er verurteilt das Stillestehen, wo man weitergehen kann. Er will, wie es in seinem Lied »Ich trat ein und wußt nicht wo – Entréme donde no supe« immer wieder heißt, »alles Wissen überschreiten«.

Und das eben kann die »Weisheit des Herzens«, wie der Sänger des 90. Psalmes sagt, jenes Herzens, von dem Pascal sagt, daß es seine Vernunftgründe hat, die die Vernunft selbst nicht kennt, jenes Herzens, von dem Johannes sagt, daß es, »von Gott berührt«[15], in Liebe und Sehnsucht ent-brannt (con ansias, en amores inflamada), ihm den Weg zu weisen vermag (sin otra luz ni guía sino la que en el cora-zón ardía – Licht und Führer war die Glut in meinem Herzen, wie es in der dritten Strophe unseres Liedes heißt). Diese Weisheit des Herzens, dieses Verstehen jenseits allen Verstehens nennt Johannes »mystische Theologie«, »ge-heime Gottesweisheit, weil sie dem Verstande selbst geheim bleibt. Deshalb – so fährt Johannes fort – sagt der Prophet Baruch (3,23), daß es niemanden gibt, der ihren Weg wüßte und keinen, der ihre Pfade erforschte.« (s II 8,6)

Die dritte Stufe oder der dritte Aspekt des Weges zu Gott ist das Einssein mit Gott. Johannes durfte es in seliger

Verzückung erfahren, und das ist die Botschaft, die er uns weitergibt: Gott will uns so glücklich machen, wie er selber glücklich ist. Er will, daß wir aus Gnaden das werden, was er von Natur aus ist. Er will »uns zu Göttern durch Teilnahme machen, so wie er Gott von Natur aus ist«.[16]

Ein gleiches hatten ja auch Petrus und Paulus in ihren Briefen verkündet. »Ihr seid der göttlichen Natur teilhaftig.« (2 Petr 1,4) »Ihr seid eine neue Schöpfung.« (vgl. 2 Kor 5,17) »Ihr seid Mitbürger der Heiligen und Hausgenossen Gottes.« (Eph 2,19)

Johannes, der Poet, singt:

> *»O noche que juntaste*
> *Amado con amada,*
> *amada en el Amado transformada.«*

> *»O Nacht, du schenktest Einssein*
> *der Geliebten, des Geliebten,*
> *der in sich sie wandelte.«*

Daß er sich in Gott hineinverwandelt, ja vergöttlicht erfährt, sagt Johannes hier nicht nur mit Worten. Er sagt es auch durch die literarische Form des Chiasmus (griechisch chi, geschrieben X): was oben links steht (Amado), steht unten rechts, und was oben rechts steht (amada) steht unten links. Gott wird Mensch, damit der Mensch Gott werde. Gott nimmt die Stelle des Menschen ein und macht, daß der Mensch die Stelle Gottes einnehme. Es ist das, was auch Angelus Silesius uns in seinem »Cherubinischen Wandersmann« verrät: »Aus Liebe wird Gott ich und ich aus Gnaden Er.«[17]

Diese fünfte Strophe, die uns das Ziel der abenteuerlichen Begegnung von Gott und Mensch angibt, enthält auch noch einmal einen Rückblick auf den Weg zu diesem Ziel. Sie tut es durch den dreimaligen Anruf der Nacht, die diesen Weg vom Anfang bis zum Ende begleitet hat – dreimalig, weil die Nacht, die dem Johannes als Bild für diesen Weg dient, selber auch dreistufig ist. Sie kennt die Abenddämmerung, die Mitternacht und das Morgengrauen. Abenddämmerung heißt: Alles versinkt in Dunkelheit, alles, was uns zuvor Erfüllung bedeuten mochte. Denn das Verlassen des Weges ist das Betreten des Weges: nur im Hinter-uns-Lassen können wir weiterschreiten. Es ist das, was Johannes als Nacht der Sinne und des Geistes bezeichnet. Nicht nur das, was wir sehen, hören, riechen, schmecken, fühlen können, ist nicht Gott und dürfen wir darum auch nicht zu unserem Götzen machen. Auch das, was unser Geist zu konstruieren vermag, ist nicht Gott und darf nicht Gottes Stelle einnehmen.

Statt dessen sollen wir uns der zweiten Nacht anvertrauen, der ob ihrer Dunkelheit nur der Mitternacht vergleichbaren Nacht des Glaubens: ohne Beweise, ohne Sicherungen, ohne festen Halt – wie Petrus, der gegen jede Vernunfteinsicht einzig auf das Wort des Herrn hin den Gang über das Wasser wagt. »Stützt sich die Seele ... auf irgendein eigenes Erkennen ...«, schreibt Johannes, »so verirrt sie sich leicht ..., weil sie sich nicht ganz blind dem Glauben überläßt, der ihr wahrer Führer ist.« (s II 4,3).

Und am Ende steht – als dritte Stufe der Nacht – Gott selbst, der »für die Seele in diesem Leben nicht mehr und nicht weniger ist als dunkle Nacht« (s I 2,1): »unbegreiflich«, »unausdenkbar«, »unfaßbar dem Verstand« (L 3,48 und 52). Sein Licht ist, wie Johannes unter Berufung auf Dionysius den Areopagiten sagt (s II 8,6), ein »Strahl der Finsternis«.

Und dieser mit auf Erden gezimmerten Leitern niemals zu erreichende Gott hat sich dem Johannes geoffenbart und ihn die betörenden Worte vernehmen lassen, die auch die Braut des Hohenliedes von ihrem Geliebten vernahm: Ich bin dein, und du bist mein (Hld 2,16; 6,3; 7,11).

Johannes hat, wie Stephanus einst, den Himmel offen gesehen. Aber den Himmel kann man nicht sehen als unbeteiligter Zuschauer. Den Himmel kann man nur erleben als einer, der sich als selber gemeint und darum selber beteiligt erfährt, als einer, der selber vergeht vor lauter Glück und Seligkeit.

Was Johannes erfahren hat, ist vor allem das eine: Ich werde geliebt, und ich darf lieben, und der, den ich liebe, ist auch der, der mich liebt, und er verläßt mich nicht, immer bleibt er bei mir, und immer darf ich bei ihm bleiben.

Was Johannes auf diese Weise empfinden, spüren, mit den Augen des Herzens sehen durfte, übersteigt menschliches Begreifen. Wie groß auch die Ähnlichkeit mit menschlichen Vorstellungen, Erfahrungsinhalten, Begriffen oder Bildern sein mag, größer ist die Unähnlichkeit, sagte 1215 das vierte Laterankonzil. Doch um sich ausdrücken, seinem Herzen Luft machen und uns seine Botschaft der Freude mitteilen zu können, nimmt er die Erlebnisschilderungen, Beschwörungen, Liebesäußerungen des biblischen Hohenliedes der Liebe zu Hilfe. Uralte Bilder nehmen so aufs neue Gestalt an in den Strophen 6 und 7 und 8, die das Einssein, das am Ende des Weges zu Gott steht, ausdeuten, veranschaulichen, nein, lobpreisen wollen. Sie zeigen uns zwei Verliebte inmitten einer Welt der Blumen, der Zedern, der linden Lüfte, einer Welt des Du und Ich und des Ich und Du und der Liebe, die die beiden eint, einer Welt des Liebkosens, des Einander-Geschenke-Machens. Vor lauter Glück vergessen sie sich selbst und alle ihre Sorgen.

Der spanische Literaturwissenschaftler Dámaso Alonso zögert nicht, diese drei Strophen die wohl schönsten, erlesensten, ja duftigsten des ganzen dichterischen Werks von Johannes vom Kreuz zu nennen[18]. Und was Leo Spitzer – ein Wort von Keats zitierend – von dem ganzen Gedicht sagt, gilt insbesondere von dessen drei letzten Strophen: »Hier ist wirklich Schönheit Wahrheit und Wahrheit Schönheit; die Schönheit der Beschreibung des Mystikers bezeugt ihre Wahrhaftigkeit«[19] – und läßt das tatsächliche Erlebtsein des hier Beschriebenen nachspüren: vom Trunkensein vor Liebe (Str. 6) über das Walten-Lassen der Liebe allein (Str. 7) bis zum Ganz-Entwerden vor lauter Seligkeit und Wonne (Str. 8).

Nur am Rande auch einige Beobachtungen zur Schönheit der Form, in der das alles dargeboten wird.

In der sechsten Strophe wird der Liebesaustausch der beiden Liebenden angezeigt durch das Wechseln der Versenden zwischen dem männlichen -o und dem weiblichen -a. In der siebten Strophe, die das Spiel der die Liebe meinenden Lüfte besingt, überläßt das -o das Feld dem -a. (Der Geist – ruach – ist im Hebräischen weiblich, so wie im Spanischen seine hier als tätig beschriebene Hand – la mano.) Und in der achten Strophe verschwindet das -a: die Braut hat sich selbst vor lauter Glück vergessen, lebt nur noch in und für den Geliebten (amado), mit dem das Vergessen (olvidado) im Reim zusammenklingt.

Subjekt in der siebten Strophe ist »aire«, hier übersetzt mit »Lüfte«. Angekündigt war dies schon in dem letzten Vers der vorhergehenden Strophe. Dort gebrauchte Johannes das Wort aire = Luft zum ersten Mal. Er wollte uns den Schlüssel in die Hand geben, der uns das Verständnis für die folgende, die siebte Strophe aufschließen sollte. Doch während aire dort, in der sechsten Strophe, Ausdruck der Liebe war – die liebende Braut war es, die mit dem Zedernfächer dem Geliebten kühlende Lüfte zufächelte – und während aire dort dementsprechend als Objekt erschien, ist es jetzt Subjekt geworden. Die Liebe erscheint hier als das, was sie ist: eine selbständige Macht. So wie in der Gottheit die Liebe nicht nur ein Tun des Vaters oder ein Tun des Sohnes meint, sondern als dritte Person selbst anbetungswürdiges Subjekt ist, so erfährt Johannes auch hier die Liebe als das, was tätig ist, was wirkt, was handelt.

Und was tut die Liebe? Das wird in drei Verben ausgesagt. Sie stehen alle drei im Imperfekt, der Zeit der Dauer, des nicht nur einmaligen, sondern fortwährenden Tuns, der Zeit, die den Rahmen, den Hintergrund, die »Atmosphäre« angibt. Und diese drei Verben sagen: Die Liebe trifft den Geliebten (spielt mit seinem Haar), sie trifft die liebende Braut (versehrt ihren Hals) und sie macht die Braut ihrem Geliebten gleich: so wie der Geliebte in Schlaf gesunken ist, läßt sie auch ihr alle Sinne schwinden.

Schwinden aller Sinne – das unterstreicht Johannes lautmalerisch durch das an ein »psst« erinnernde, hier sechsmal wiederholte scharfe »s«: todos mis sentidos suspendía, wobei Johannes zudem das hier ausgesagte Zusammengehören von Sinne und Schwinden (sentidos und suspendía) durch das Kunstmittel der Alliteration bekräftigt. Stefan George greift das auf, indem er übersetzt: »Und meine sinne standen still.«[20]

Soweit die Randbemerkungen zur Form.

Man sollte nun meinen, mit dem Lob der Liebe wäre alles gesagt. Aber so wie das Lied mit einem Präludium begann, so endet es auch mit einem Finale. Dieses besteht aus den beiden letzten Versen. Sie lauten in der Übersetzung von Stefan George:

> *Und meine sorgen sanken,*
> *inmitten der lilien begraben.*[20]

Bei Edith Stein heißen sie:

> *Verschwunden war die Angst,*
> *Begraben unter Lilien im Vergessen.*[21]

Dem zweiten Vers des ganzen Gedichts entspricht sein vorletzter, und mit dem ersten korrespondiert der letzte: Aus der Angst ist Sorglosigkeit geworden und aus der Dunkelheit das lichte Weiß der Lilien. Das also ist die Frucht der Gottbegegnung! Und das ist der Rahmen, in den Johannes sein Gedicht hineinstellt!

Johannes will sagen, was auch heutigen Theologen wie Eugen Drewermann und Eugen Biser ein Herzensanliegen ist: Das Christentum ist eine Religion der Angstüberwindung, auch wenn wir wegen des Fluchs, der auf uns liegt und unser Herz immer wieder zum cor curvatum in se ipsum macht, dieses so wenig zu realisieren vermögen, der Überwindung jener Angst in uns, die sich nur zu leicht einstellt, wenn wir um uns nichts als Dunkelheit und Nacht gewahren.

Gott gewährt uns, ohne Furcht zu sein, heißt es im Lobgesang des Zacharias (Luk 1,74). Jesus fordert die Seinen auf, keine Angst zu haben: »Was seid ihr ängstlich besorgt? Sorgt euch nicht, nicht um euer Leben, nicht um eure Kleidung, nicht um eure Zukunft.« (vgl. Mt 6,25 ff.) Und seiner Feststellung »in der Welt habt ihr Angst« läßt er die Trostworte folgen: »Habt Mut; ich habe die Welt besiegt.« (Joh 16,33) »Der Gott Jesu macht jedem Menschen das Angebot, zu leben aus unbedingtem Angenommensein, befreit von der tiefsitzenden Angst um sich selbst.«[22]

Daß Gott da ist und sich geoffenbart hat als der, der er ist, nämlich einer, der alle Angst vertreibt, hat Peter Knauer in seinem Buch »Unseren Glauben verstehen« sehr plastisch erläutert. Er schreibt dort gleich zu Beginn:

»Im Jesuitenorden arbeitet man nach dem Eintritt ins Noviziat auch einige Wochen als Pfleger in einem Krankenhaus. In meiner eigenen Noviziatszeit vor 30 Jahren erlebte ich im Binger Kreiskrankenhaus, wie ein vielleicht fünfjähriger Junge zu einer Operation gebracht wurde. Seine Mutter begleitete ihn bis zum Eingang des Operationssaales. In der Wartezeit sprachen sie noch miteinander. Der kleine Junge sagte: ›Du, Mutti, der liebe Gott ist doch immer bei mir?‹

Dieses schlichte Wort ... faßt auf das einfachste zusammen, worum es im christlichen Glauben geht. Dieser Glaube ist so einfach, daß ein unmündiges Kind ihn aussagen kann ...

Der kleine Junge wollte nicht sagen: ›Also geht die Operation gut aus, und ich kann bald wieder gesund nach Hause.‹ Er wußte nämlich, daß ihm eine gefährliche Operation bevorstand, deren Ausgang ungewiß war. Sein Wort bedeutete vielmehr: ›Was auch immer geschieht, ich weiß mich in Gottes Liebe geborgen. Und das gilt, selbst wenn ich sterben muß.‹ In seiner Angst hält er sich daran, daß Gott bei ihm ist. Das ist ihm eine stärkere Gewißheit als alle seine Angst.«[23]

Dasselbe wie Knauer vermochte auch Dietrich Bonhoeffer zu bekunden. Wenige Wochen vor seinem sicheren Tode schrieb er das Gebet nieder:

Von guten Mächten wunderbar geborgen
erwarten wir getrost, was kommen mag.
Gott ist mit uns am Abend und am Morgen
und ganz gewiß auch jeden neuen Tag.

Dasselbe wie Knauer und wie Bonhoeffer will auch Johannes sagen. Er tut es nicht nur mit Worten – dejando mi cuidado = meine Ängste ließ ich fahren –, sondern auch mit Bildern. Sieht er sich doch inmitten eines Meeres von Lilien, jenen Blumen, die für Jesus ein Bild der Sorglosigkeit waren (Mt 6,28f.: »Sie arbeiten nicht und spinnen nicht. Doch selbst Salomo war in all seiner Pracht nicht gekleidet wie eine von ihnen.«)

Bilder der Sorglosigkeit, Bilder aber zugleich auch der Helle, des Lichtes, der Schönheit (wie auch im alttestamentlichen Hohenlied die Lilien die Schönheit des Gartens [Hld 6,2f.] und die Schönheit der Braut [Hld 2,1f.] symbolisieren). So entläßt uns das Lied von der dunklen Nacht: Was als Finsternis begann (»en« una noche oscura – inmitten von Dunkelheit und Nacht), endet im Licht (»en«tre las azucenas = inmitten von Lilien) – wie die Bibel, die mit der Finsternis des ersten Schöpfungstages beginnt und mit dem Licht über dem neuen Jerusalem endet.

Johannes sagt nur, daß es so ist: Finsternis am Anfang, Licht am Ende. Er sagt nicht, warum es so ist: warum Gott zuerst die Finsternis schuf und dann erst das Licht; warum auch der Weg zu Gott ein Weg durch die abgründige Finsternis der Nacht bleibt; warum Gott uns diesen entsetzlichen Umweg gehen läßt; warum Gott die Welt nicht gleich im Zustand der Vollendung geschaffen hat: ohne Leid, ohne Verzweiflung, ohne Angst.

Nur das eine sagt er: Am Ende steht das Licht. Und noch eines sagt er: Ich habe es gesehen, dieses Licht, mir ist es aufgegangen in einem Augenblick des Hingerissenseins und des Jubilierens. Es ist nicht geblieben, ich weiß es, man kann es nicht festhalten, aber es existiert, anders als wir existieren, aber es ist da. Und einmal wird es alle erleuchten, in seinen Lichtglanz hüllen, die Dunkelheit dieses Erdenlebens ganz und gar verschlingen.

Auch das Lied des Johannes, das uns aus der Finsternis ins Licht, aus der Angst in die Sorglosigkeit geführt hat, auch dieser »Zaubergesang«[24] enthebt uns nicht der Wirklichkeit. Die Vokale der ersten Zeile dieses Liedes sind auch in der letzten Zeile wieder da: das e, das u, das a, das o von »en una noche oscura« erklingt auch in »entre las azucenas olvidado«. Der Klang des Anfangs kehrt zurück – selbst in diesem völlig veränderten Bild. Die Laute sind dieselben, denn Johannes ist derselbe: er, der soeben noch die Begegnung mit Gott als den Gipfel der Seligkeit erfahren hatte, befindet sich nach dieser Entrückung genauso wie vorher in dieser Welt, die so dunkel ist wie eh und je. Nur ist sie jetzt voller Hoffnung – was das helle i, das in der letzten Zeile, nicht aber in der ersten Zeile des Gedichtes zu vernehmen ist, zart, aber unüberhörbar andeutet. Es bleibt das Dunkel, ganz gewiß. Doch es bleibt zugleich die alles verwandelnde und alles verklärende Erinnerung an ein Licht und zugleich die zuverlässige Hoffnung auf eben dieses Licht. Wir haben einen, der uns bezeugen kann und uns mit diesem Gedicht bezeugt hat, daß es das gibt, dieses Licht, und daß diese unsere Hoffnung nicht eine vage ist, sondern eine begründete. Eben das will Johannes uns zu unserem Troste sagen.

Granada, Löwenhof (Patio de los Leones) der Alhambra, wohl das
schönste Denkmal orientalischer Baukunst in Europa. Gleich neben
dem Alhambrahügel, nur durch eine flache Schlucht von ihm getrennt, lag das Kloster, dessen Prior Johannes vom Kreuz sechs Jahre
lang war.

GRANADA

Granada, Hauptstadt der Provinz Granada in Andalusien, ist berühmt ob seiner Geschichte und ob seiner Schönheit, der Schönheit der Stadt und der Schönheit der umgebenden Landschaft.

711 wurde die Stadt – eine iberische Gründung – von den Arabern erobert, 1238 wurde sie Sitz eines selbständigen maurischen Königreichs und als solche später zur prächtigsten Residenz und zur reichsten Stadt der Iberischen Halbinsel, 1492 fiel sie – als letzter maurischer Besitz in Spanien – in die Hände der katholischen Könige Fernando und Isabella, die dort auch, in der eigens zu diesem Zweck erbauten Capilla Real, bestattet sind.

Von fremdartiger und eben deshalb geradezu berückender Pracht sind die sonnendurchfluteten Hallen und Gärten der Alhambra, der im 14. Jahrhundert erbauten königlichen Residenz, und – oberhalb der Alhambra gelegen und im gleichen Jahrhundert erbaut – der Sommerpalast der maurischen Könige, Generalife genannt, umgeben von Gartenanlagen mit Terrassen, Grotten, Wasserspielen.

Und das alles ist höchst malerisch am Fuße der Sierra Nevada gelegen, deren leuchtender Schnee auch im Sommer dieses höchste Gebirge der Pyrenäenhalbinsel krönt, und gleichzeitig oberhalb der überaus fruchtbaren Vega, in der es auch im Winter grünt und blüht.

In dieser Stadt, nahe dem Alhambrahügel, nur durch eine nicht zu tiefe Schlucht davon getrennt, war 1573 ein Konvent der Karmeliten gegründet worden, und zwar derer, die sich der von Teresa und Johannes vom Kreuz wieder eingeführten ursprünglichen Regel angeschlossen hatten. (Das Kloster existiert nicht mehr. Es mußte Mitte des 19. Jahrhunderts einem klassizistischen Profanbau weichen.) Neun Jahre später, 1582 – im Todesjahr Teresas – wurde Johannes vom Kreuz Prior dieses Klosters. Sechs Jahre lang sollte er es bleiben, zeitweilig dazu auch das Amt eines Provinzvikars für ganz Andalusien übernehmen, ein Amt, das von ihm häufiges Unterwegssein verlangte. (In zwei Jahren, so vermerkt Erika Lorenz[25], hat er zu Pferde oder auf dem Maultier eine Strecke zurückgelegt, die der Entfernung von Granada in Spanien nach Kalkutta in Indien entspricht.)

Johannes ist fasziniert von der Schönheit, die ihm das Land und die Stadt boten. Auch seine Mitbrüder sollten sich davon berühren lassen. »Während seines Priorats«, so lesen wir in der Biographie von Dobhan und Körner, »führt er die Gewohnheit ein, die gemeinschaftliche Gebetszeit des öfteren in der Stille des Gartens zu halten. Die Weite, die Blumen, die Luft und der Himmel sind Faktoren, die bei kluger Verwendung helfen, dem Herrn im Innersten zu begegnen. Obwohl der Klostergarten über viel freies Gelände verfügt, begleitet Juan seine Mitbrüder doch gern hinaus in noch größere Freiheit und Einsamkeit, in die Schönheit der Natur entlang dem Fluß Genil oder hinauf auf die Anhöhe, die zur Sierra Nevada führt. Ist die Gruppe in der freien Landschaft angekommen, gibt er ein Zeichen, daß heute jeder für sich allein in die Berge gehen und den Tag allein im Gebet verbringen solle.«[26]

> »Laßt uns den Pfad ersteigen,
> wo im Verborg'nen stille Höhlen winken
> aus steiler Felsen Schweigen;
> dort laßt uns niedersinken
> und des Granatweins süße Frische trinken.«

So dichtete Johannes in einer der Strophen, die er hier in Granada (– vielleicht auch schon zuvor in Baeza, jedenfalls in Andalusien –) noch seinem schon in Toledo begonnenen Geistlichen Gesang hinzudichtete.[27]

Die Schönheit, die ihn hier so fasziniert, erinnert Johannes an Gottes Schönheit, die er in entrückenden und verzückenden Visionen schauen durfte. Allen will er darum sagen: Wenn es hier auf Erden schon so viel Schönheit gibt, wie schön muß dann erst der Himmel sein! Während andere in Gott vor allem seine Macht und seine Güte preisen, während auch Johannes selbst in Gott zuerst den unendlich anderen, unzugänglichen, unbegreiflichen Jenseitigen gesehen hatte, wird ihm jetzt geschenkt, in ihm vor allem – und das mehr als zuvor – das Urbild der Schönheit zu erkennen. Ja, die Schönheit wird ihm zur höchsten Aussage über Gott[28], und ganz berauscht ist er von dem Gedanken, daß Gottes Schönheit einmal unsere Schönheit werden soll, »was dann geschehen wird«. So schreibt Johannes in seinem (übrigens ebenfalls in Granada geschriebenen) Kommentar zu seinem Geistlichen Gesang:

»wenn Du mich in Deine Schönheit verwandelst.
Dann werde ich Dich schauen in Deiner Schönheit,
und Du wirst mich schauen in Deiner Schönheit;
und du wirst Dich in mir sehen in Deiner Schönheit,
und ich werde mich in Dir sehen in Deiner Schönheit.
Und ich werde Du scheinen in Deiner Schönheit,
und Du wirst ich scheinen in Deiner Schönheit,
und meine Schönheit wird Deine Schönheit sein,
und Deine Schönheit wird meine Schönheit sein,
und ich werde Du sein in Deiner Schönheit,
und Du wirst ich sein in Deiner Schönheit,
weil Deine Schönheit meine Schönheit sein wird.«

Das eben meint die Annahme an Kindes Statt![29]

Es nimmt daher nicht wunder, daß Johannes, als er in den Jahren seines Priorats in Granada ein Lied vernahm, das die weltliche Schönheit eines Mädchens besang, dieses sogleich umdichtete in ein Lied von Gottes Schönheit. Diese Art, weltliche Lieder zu geistlichen umzudichten – sie zu »divinisieren« –, war damals in Spanien große Mode. 1575 erschien das Werk eines gewissen Sebastián de Córdoba, in dem dieser Gedichte Garcilasos und Boscáns ins Christliche und Religiöse übertrug[30] – ein Werk, das Vorgänger (– im Grunde ja schon die Umdeutungen des ursprünglich weltlichen alttestamentlichen Hohenliedes –) und Nachfolger in Fülle hatte. Wohl zweihundert Jahre lang – während des 16. und 17. Jahrhunderts – bildete diese Literatur »a lo divino« »das vitale Zentrum von Spaniens Literatur- und Geistesleben«[31], wobei Volkslieder, die buchstäblich in aller Munde waren, mit besonderer Vorliebe »divinisiert« wurden.

Hierher gehört auch das Gedicht des Johannes, das in Granada entstand, in den Jahren 1584 bis 1586, wie man vermutet[32]. Es lautet in deutscher Übersetzung:

An die Schönheit, alle Schönheit,
werd' ich niemals mich verlieren –
nur an ein ich-weiß-nicht-was,
das man findet, wenn man Glück hat.

1. Gutes schmecken, das vergänglich,
kann nur dazu führen,
daß der Appetit vergeht
und der Gaumen wund wird.

Drum – bei aller Süße –
werd' ich niemals mich verlieren

außer an ich-weiß-nicht-was,
das man findet, wenn man Glück hat.

2. Einem hochgemuten Herzen
kommt nicht in den Sinn zu halten,
wo man weitergehen kann,
mag es noch so schwierig sein.

Nichts ist ihm zu viel.
So groß wird sein Glaube,
daß er schmeckt ich- weiß-nicht-was,
das man findet, wenn man Glück hat.

3. Wer vor Liebe krank ist,
weil ihn Gottes Sein berührte,
wird in seinem Schmecken so,
daß ihm nichts mehr schmeckt –

wie dem Fieberkranken
jeder Appetit vergeht –
außer auf ich-weiß-nicht-was,
das man findet, wenn man Glück hat.

4. Das ist nicht erstaunlich,
daß das Schmecken sich so wandelt.
Ist der Grund dafür doch
fremd und derart anders,

daß die ganze Schöpfung
sich verfremdet sieht.
Ein ich-weiß-nicht-was nur schmeckt ihr,
das man findet, wenn man Glück hat.

5. *Hat einmal den Willen*
   Göttliches berührt,
   kann nur Gott allein
   seinen Hunger stillen.

   Und da nur der Glaube
   Seine Schönheit sieht,
   schmeckt sie nur ich-weiß-nicht-was,
   das man findet, wenn man Glück hat.

6. *Wenn nun einer so verliebt ist,*
   sollte man da Mitleid haben?
   Alles, was geschaffen ist,
   will ihm nicht gefallen.

   Was nicht Form hat noch Gestalt,
   was nicht Halt gibt oder Stütze,
   schmeckt ihm: ein ich-weiß-nicht-was,
   das man findet, wenn man Glück hat.

7. *Glaubt nicht, daß der inn're Mensch,*
   dessen Wert so groß und hoch ist,
   Freude finde und Vergnügen
   an den Gütern dieser Erde.

   Mehr als alle Schönheit,
   alles einst und jetzt und später
   schmeckt ihm ein ich-weiß-nicht-was,
   das man findet, wenn man Glück hat.

8. *Der, der weiterkommen will,*
   wird sich lieber um das kümmern,
   was noch zu gewinnen ist,
   als um das, was schon erreicht ist.

Um das Höh're zu gewinnen,
mache ich mich klein, erst recht
klein vor dem ich-weiß-nicht-was,
das man findet, wenn man Glück hat.

9. An das, was die Sinne
   fassen und erfassen können
   oder was der Geist begreift,
   mag es noch so hoch sein,

   auch an Anmut oder Schönheit
   werd' ich niemals mich verlieren:
   nur an ein ich-weiß-nicht-was,
   das man findet, wenn man Glück hat.

Dámaso Alonso hat das Lied aufgespürt, das Johannes vom
Kreuz zu seinem Gedicht von der Schönheit, der er ein »Ich-
weiß-nicht-was« vorzieht, angeregt hat. Er fand es in einem
1580 veröffentlichten »Thesoro de varias poesías« (»Schatz
verschiedener Gedichte«)[33]. Es beginnt fast wörtlich so wie
das Gedicht des Johannes, nämlich mit dem Hinweis auf die
bloße Schönheit, der allein zuliebe der Sänger sich nicht
verlieren will, vielmehr nur um des »Ich-weiß-nicht-was«
willen, das man findet, wenn man Glück hat. Gemeint ist die
Schönheit des Mädchens, das man liebt, aber nicht allein
der äußeren Schönheit wegen, sondern wegen dieses unsag-
baren Etwas, das noch hinzukommen muß.

Dabei hat dieses volkstümliche Lied – genauso wie das
dieses »divinisierende« des Johannes – die Form eines vil-
lancico: Dem Gedicht geht ein Vorspruch mit den wichtig-
sten Themen voran, und der letzte Vers des Vorspruchs
(oder, wie in diesem Fall, die beiden letzten Verse) kehrt
bzw. kehren am Ende jeder Strophe als Kehrreim wieder.
Dabei dürfen wir annehmen, daß dieser Kehrreim von al-

len, denen der Sänger sein Lied vortrug, gemeinsam gesungen wurde. Und ebenso dürfen wir annehmen, daß dieses auch für das Lied des Johannes gilt, das er möglicherweise selbst seinen Novizen vortrug bzw. vorsang.[34]

Am Anfang steht der vierzeilige Vorspruch: die Feststellung, daß der Sänger – Johannes – sich an keine Schönheit dieser Erde hingeben will, wohl aber an etwas anderes, von dem er selbst nicht weiß, was es ist, nur, daß man es sich schenken lassen muß und daß, wenn man es geschenkt erhielte, dieses ein sagenhaftes Glück wäre.

Mit anderen Worten: Das, was er hört und sieht und haben kann, will er fahrenlassen für das, was man nicht hören und nicht sehen und nicht haben, ja noch nicht einmal wissen kann, das Bekannte für das Unbekannte, das Sichere für das Unsichere, das Gegenwärtige für das zu Erwartende. Ja, das zu Erwartende. Das ist das einzige, was man kann: darauf warten – und sich von Johannes sagen lassen, dieses zu erwartende Unbekannte sei ein Geschenk – und mache glücklich, so glücklich, wie nur ein Geschenk glücklich machen kann.

Da fragt man sich natürlich: Wieso soll ich denn das, was ich weiß und was obendrein noch schön ist, wie Johannes selber zugeben muß, wieso soll ich mir das entgehen lassen um einer ungewissen Zukunft willen? Neunmal gibt Johannes eine Antwort darauf. Neun Gründe nennt er, jeweils in der vierzeiligen ersten Hälfte jeder der neun Strophen, und neunmal zieht er daraus – in dem zweiten Vierzeiler der betreffenden Strophe – die Folgerung: Also ist es doch besser, seine Liebe, seine Hingabe, sein Sich-verlieren-an aufzubewahren für dieses »Ich-weiß-nicht-was«, das geschenkt zu erhalten ein so unbeschreibliches Glück ist.

Immer eindringlicher wird das, was in seinen Augen allein das Leben lohnt, dem Leser und Hörer eingeprägt. Zehnmal (nämlich in dem Vorspruch und in den neun

Strophen) erklingt dieser Kehrreim von dem »Ich-weiß-nicht-was«, das man nur per Zufall, nur wenn man Glück hat, nur als unverdientes und unverdienbares Geschenk erhalten kann. Davon ist des Dichters Herz erfüllt, und das und nur das will er dem Hörer mitteilen, ihm einprägen, ja geradezu einhämmern. Deshalb wiederholt er es immerzu. Und Johannes wiederholt es, ohne ihr Geheimnis preiszugeben. Denn auch das ist Wahrheit: Es ist nicht zu fassen, nicht auszusagen, nicht preiszugeben – es ist und bleibt ein ich-weiß-nicht-was.

Was im Vorspruch schlicht festgestellt wird – das Allerschönste, das, was allein es verdient, daß man sich daran verliert, ist das, von dem man sich überraschen lassen muß, –, das erscheint in den nachfolgenden Strophen als Schlußfolgerung aus dem jeweils zuvor genannten Grund für die Feststellungen des Vorspruchs. Diese Schlußfolgerung ist immer die gleiche: Es geht nichts über das »Ich-weiß-nicht-was«, das man auf sich zukommen lassen muß. Die Gründe, aus denen diese Schlußfolgerung gezogen wird, sind dagegen immer neu, sie steigern sich, streben einem Höhepunkt zu (in der fünften Strophe) und entfalten diesen sodann, um am Schluß noch einmal zusammengefaßt zu werden.

Dabei gehören immer zwei Strophen zusammen: die erste und die zweite, die dritte und die vierte, die fünfte und die sechste und schließlich auch die siebte und die achte.

Die erste Strophe nennt die Gefahren des Geschmacks an vergänglichen Gütern, die zweite zieht die Konsequenzen daraus: sich nicht dabei aufhalten, weitergehen.

Die dritte Strophe zeigt, wie Liebe zu Gott den Geschmack verändern, ja sich selbst entfremden kann. Die vierte zeigt, daß Entfremdung für die ganze Schöpfung gilt.

Die fünfte Strophe – Mitte des ganzen Gedichts (vier Strophen zuvor, vier Strophen danach) – verweist auf jene einzige und einzigartige Schönheit, die allein es wert ist, daß man sich an sie verliert. Nur der Glaube kann sie schauen (Strophe 5), denn – so erläutert die sechste Strophe – sie ist jenseits von allem, was ist: ohne Form und ohne Gestalt.

Das erinnert an Paulus, der – wie er 2 Kor 12,2.4 schreibt – »in das Paradies entrückt wurde« und dort »unsagbare Worte vernahm, die ein Mensch nicht aussprechen kann«. Dennoch will es wie eine gewagte Aussage erscheinen, wenn Johannes hier sagt, das Eigentliche, das, worum es ihm geht, nämlich das Allerschönste, was es gibt, das sei so unvorstellbar schön, daß es ohne Form ist und ohne Gestalt.

Plotin hatte gelehrt, das Wissen der Alten zusammenfassend: »Allgemein wird behauptet, daß ein Wohlverhältnis der Teile zueinander und zum Ganzen die sichtbare Schönheit ausmacht. Schönheit bedeutet für die sichtbaren Dinge – *wie für alles andere* – symmetrisch sein, Maß in sich haben.«[35] Thomas von Aquin fordert, damit etwas schön sei, ein Dreifaches: Vollständigkeit (integritas), die rechten Proportionen (proportio) und Klarheit (claritas)[36].

Johannes fegt das alles beiseite. Gottes Schönheit ist unendlich anders und unendlich erhaben über alle irdische Schönheit: Sie ist tatsächlich ohne Form und ohne Gestalt, sie ist nicht zu fassen, sie ist verschieden von allem, was ist und was war und was jemals sein wird. Sie ist jenseits von Raum und jenseits von Zeit. Auch in seinem Kommentar zu dem Lied von der dunklen Nacht, betitelt »Aufstieg zum Berge Karmel«, schreibt Johannes ausdrücklich: »Man nähert sich Gott – *der ohne Bild, noch Form, noch Gestalt ist* – im Maße der Entfremdung von allen bildhaften Formen, Vorstellungen und Gestalten.« (s II 13,1)

Johannes stört sich nicht an dem, worüber Plotin und Thomas philosophieren. Er macht sich vielmehr zu eigen, was schon Augustinus ihn und uns gelehrt hatte:

»Was aber liebe ich, da ich dich liebe? Nicht die Schönheit eines Körpers noch den Rhythmus der bewegten Zeit; nicht den Glanz des Lichtes, der da so lieb den Augen; nicht die süßen Melodien in der Welt des Tönens aller Art; nicht der Blumen, Salben, Spezereien Wohlgeruch; nicht Manna und nicht Honig; nicht Leibesglieder, die köstlich sind der fleischlichen Umarmung: nichts von alledem liebe ich, wenn ich liebe meinen Gott.

Und dennoch liebe ich ein Licht und einen Klang und einen Duft und eine Speise und eine Umarmung, wenn ich liebe meinen Gott: Licht und Klang und Duft und Speise und Umarmung meinem inneren Menschen. Dort erstrahlt meiner Seele, was kein Raum erfaßt; dort erklingt, was keine Zeit entführt; dort duftet, was kein Wind verweht; dort mundet, was keine Sattheit vergällt; dort schmiegt sich an, was kein Überdruß auseinanderlöst. Das ist es, was ich liebe, wenn ich liebe meinen Gott.« (x 6,8)

Um es noch einmal zu wiederholen: Was kein Raum erfaßt, was keine Zeit entführt, sagt Augustinus. Johannes sagt es in den Strophen 6 und 7: ohne Form und Gestalt, jenseits von allem, was war, was ist und was jemals sein wird – so wie er in den ersten Strophen schon das andere, was Augustinus bekennt, auch seinerseits (weil er es ebenso wie Augustinus selbst erfahren hat) bezeugt: Was keine Sattheit vergällt, was kein Überdruß auseinanderlöst: Das ist es, was ich liebe.

Die siebte Strophe knüpft an das in der sechsten Strophe genannte Wort »jenseits« an: Es geht um ein Jenseits von allem, was war, was ist und was sein wird, was darum hier nicht zu finden und zu verkosten ist, was vielmehr – so ergänzt die achte Strophe – so jenseitig, so unendlich anders, so hoch ist, daß nur ein Kind es annehmen kann und der, der bereit ist, noch auf etwas zu warten wie ein Kind.

Die neunte Strophe schließlich faßt das alles zusammen:
nichts von allem, was Sinn oder Geist erfassen oder sich
ausmalen und ausdenken können, ist es wert, sich ihm hinzugeben, nur das eine »ich-weiß-nicht-was«. Wörtlich heißt
es wie am Anfang des Gedichts:

> *yo nunca me perderé*
> *sino por un no sé qué*
> *que se halla por ventura.*

> *niemals werd' ich mich verlieren –*
> *nur an ein ich-weiß-nicht-was,*
> *das man findet, wenn man Glück hat.*

Das Wörtchen yo = ich erscheint im Vorspruch und in der
ersten Strophe und dann wieder in der achten und neunten.
Es umrahmt das ganze Gedicht, tritt aber in den sieben
dazwischenliegenden Strophen zurück. Johannes weiß, wovon er spricht, ihm ist, so läßt er uns spüren, dieses un-
nennbare Glück zuteil geworden, darin ist all sein Singen,
sein Denken, sein Belehren eingebettet – aber er will, daß
andere, nein, daß alle ihm das abnehmen, daß es dieses
selige Glück gibt, demgegenüber alles Glück, alle Seligkeit,
alle Schönheit dieser Erde verblaßt.

Zu diesem Rahmen gehört auch, daß Johannes nur in
der ersten und in der letzten Strophe die drei letzten Verse
des Vorspruchs in ihrer Gänze wiederholt. Mit anderen
Worten: Bevor er den Hörer anspricht und bevor er ihn
entläßt, will er nichts von dem vergessen, worauf es ihm
ankommt und was auch er, der Hörer, nicht vergessen soll:

yo – ich, Johannes, ich weiß, wovon ich rede;
nunca – nie, an keinem Ort und zu keiner Zeit und bei
keiner Gelegenheit

me perderé – werde ich mich verlieren

sino – außer, es gibt die eine, alles in den Schatten stellende und allen Schmerz, den das Verzichtenmüssen bedeutet, vergessen machende Ausnahme;

por un no sé que – das ist das, was ich nicht weiß, das, wenn alles ist, nicht ist, aber wenn alles nicht ist, allein ist, das, wenn alles schmeckt, nicht schmeckt, aber wenn alles nicht schmeckt, allein schmeckt, das, wenn ich alles erkenne, begreife und weiß, nicht zu erkennen und zu begreifen und zu wissen ist, das nur, wenn ich nichts weiß, gewußt werden kann;

que se halla por ventura – das nur der Zufall, das Schicksal, das Glück – die Gnade! – einem bescheren kann, für das man daher immer offenbleiben muß, unausgefüllt, unfertig, wie ein Kind, das sich noch über Neues freuen kann.

Soweit mit nüchternen Worten einige Hinweise auf ein Gedicht, das alles andere als nüchtern sein will, und auf einen Dichter, der erst recht nicht nüchtern war und auch nicht nüchtern sein wollte. Hingerissen war er von Gottes Schönheit, die er schauen, erleben, kosten durfte, trunken war er, wie von Sinnen – ja verzaubert und willens, auch seine Leser und Hörer zu verzaubern –, vorausgesetzt, sie sind bereit, sich verzaubern zu lassen – einmal ihren Verstand und ihre fünf Sinne hinter sich zu lassen und dem zu lauschen, was da einer singt von dem »Ich-weiß-nicht-was«, das man sich schenken lassen muß.

Schön war nicht nur die Alhambra, schön waren und sind auch die
Berge und Täler Andalusiens, die Johannes vom Kreuz als Seelsorger
und als Provinzvikar seines Ordens zu Pferde oder auf dem Maultier
bereiste.

UBEDA

Ubeda ist eine kleine Stadt (von heute etwa 30000 Einwohnern) in der Provinz Jaen in Andalusien. 1587 war hier, im Südosten der Stadt gelegen, ein Kloster des reformierten Zweiges der Karmeliten gegründet worden. Dorthin brachte man vier Jahre später den todkranken Johannes vom Kreuz. Am 14. Dezember 1581 starb er da. Nur 49 Jahre war er alt geworden.

Nach seiner Tätigkeit in Granada war er 1588 zunächst Prior in Segovia geworden und zugleich erster Definitor der gesamten reformierten Ordensprovinz, so etwas wie stellvertretender Provinzial, viel mit Verwaltungsaufgaben, Sitzungen der Consulta (des »Vorstandes«), Reisen und Briefeschreiben beschäftigt. Doch es kam zu Spannungen mit dem Ordensprovinzial Doria, dessen Vertreter er war. Auf einem Ordenskapitel in Madrid – das war im Juni 1591 – wurde Johannes aller Ämter enthoben und als einfacher Mönch in das hinterletzte Kloster geschickt, das der Orden hatte: La Peñuela, zwischen Córdoba und Baeza in einsamer Wildnis gelegen. Johannes unterstellte sich dem dortigen Prior, bereit, entweder hier zu bleiben oder aber auch mit anderen Ordensangehörigen als Missionar nach Mexiko zu gehen.

Doch daraus wurde nichts. Ein Wundbrand am Bein und hohes Fieber warfen ihn aufs Krankenlager. Man schickte ihn nach Ubeda, weil in La Peñuela keine ärztliche Versorgung möglich war. Der Prior von Ubeda nahm ihn auf, wies ihm aber die kleinste Zelle zu, die das Kloster hatte, jammerte über die Ausgaben, die dieser Patient dem Hause verursachte und ließ ihn bei jeder passenden und unpassenden Gelegenheit spüren, wie unerwünscht er war. (Johannes hatte, als er Provinzialvikar für Andalusien war, diesen Prior wegen irgendeiner Kleinigkeit getadelt. Das hatte dieser nicht vergessen. Jetzt nahm er Rache.)

Schmerzhafte Operationen verschlimmerten den Zustand des Kranken, statt ihn zu bessern. Der Tod war unausweichlich. Man betete gemeinsam mit dem Sterbenden: »Aus der Tiefe rufe ich, Herr, zu dir.«

Dem Prior hatte schon in den Tagen zuvor sein anfängliches Verhalten leid getan, und er hatte unter Tränen Johannes um Verzeihung gebeten. Jetzt reihte er sich ein in die Gruppe der Betenden. Er schickte sich an, die üblichen Sterbegebete zu verrichten. Johannes winkte ab: Nicht diese; lieber etwas aus dem Hohenlied der Liebe. Man entsprach seinen Wünschen. Dann starb er: einsam, verlassen, ein Nichts.

Ignatius konnte am Ende seines Lebens auf den Orden verweisen, den er ins Leben gerufen hatte und dessen »General« er war. Teresa konnte auf die 17 Klöster verweisen, die sie gegründet hatte. Johannes aber war aller Ehren entkleidet und aller Posten beraubt, mußte gar noch in den letzten Monaten seines Lebens erfahren, daß sein früherer Sekretär Pater Diego Evangelista von Kloster zu Kloster zog – besonders von Nonnenkloster zu Nonnenkloster –, um Material gegen ihn zu sammeln, und daß die verschüchterten Nonnen dieses lieber vernichteten, als es in die Hände derer fallen zu lassen, die ihn anklagen wollten. Und wenn er bedachte, was er denn nun überhaupt zustande gebracht hatte, dann waren es ein paar Gedichte – die noch nicht einmal alle erhalten blieben – und einige Kommentare dazu, vier insgesamt, von denen er aber drei überhaupt nicht zu Ende geführt hatte. Ja, und Briefe hatte er geschrieben, und Predigten gehalten, und Menschen in und außerhalb des Beichtstuhls Rat gegeben. Aber was mochte davon geblieben sein?!

Oder bestätigte er durch sein elendes Sterben – ja gerade dadurch! – noch einmal, was er zuvor gepredigt, geschrieben, gedichtet hatte? Was in unseren Tagen Huub Oosterhuis in die Worte gekleidet hat, die inzwischen in den Kirchengemeinden nicht nur der Niederlande, sondern auch Deutschlands gesungen werden: Ich steh vor dir mit leeren Händen, Herr? Ja, so war es. Das war, nein, das ist die Zusammenfassung, die Quintessenz seines Lebens, seine eigentliche Botschaft.

Zu Beginn seines Buches »Aufstieg zum Berge Karmel« hatte er es so formuliert:

Um zu erlangen, was du nicht besitzest,
geh dorthin, wo du nichts besitzest.
Um zu werden, was du nicht bist,
geh hin, wo du nichts bist. (S I 13,11)

Und in einem Brief vom 18. November 1586 hatte er den Karmelitinnen in Beas geschrieben: »Wer mit beladenen Händen vor Gott hintritt, kann seine Gaben nicht mehr empfangen!« Jetzt tat er, was er einst sagte!

Nicht der Pharisäer, der sich selbst auf die Schultern klopfte und Gott seine Verdienste aufzählte und präsentierte, ging gerechtfertigt nach Hause, sondern der Zöllner, der überhaupt nichts vorweisen konnte, der alles, was er gemacht hatte, verkehrt gemacht hatte, der wirklich nur sagen konnte: »Ich steh vor dir mit leeren Händen, Herr!«

Mit anderen Worten: Man muß Gott als Besiegter nahen – nicht als Triumphierender, als Armer – nicht als Reicher, als Bettler – nicht als Satter!

»Auf, ihr Durstigen, kommt alle zum Wasser!
Wer kein Geld hat, der soll kommen.

Kommt, kauft Brot und eßt und kauft ohne Silber,
kauft Wein und Milch ohne Bezahlung!«

So sieht der Prophet Jesaja das messianische Reich (Jes
55,1), und er sprudelt geradezu über, um in immer neuen
Bildern zu zeigen, daß vor Gott nur die leeren Hände zählen:

> *»In der Wüste brechen die Wasser hervor,*
> *in der Steppe die Bäche!*
> *Den Blinden werden die Augen aufgetan*
> *und den Tauben die Ohren!*
> *Der Lahme wird springen wie ein Hirsch,*
> *und der Stumme wird jubeln.« (Vgl. Jes 35,1.5f.)*

Und der Psalmist betet:

> *»Gott, du mein Gott, dich suche ich,*
> *meine Seele dürstet nach dir.*
> *Nach dir schmachtet mein Leib*
> *wie dürres, lechzendes Land ohne Wasser.« (Ps 63,2)*

Maria bestätigt es in ihrem Magnificat:

> *»Hoch preise meine Seele den Herrn.*
> *enn auf die Kleinheit seiner Magd hat er geschaut.*
> *Er zerstreut, die im Herzen voll Hochmut sind,*
> *und erhöht die Niedrigen.*
> *Die Hungernden beschenkt er mit seinen Gaben*
> *und läßt die Reichen leer ausgehen.« (Luk 1,46ff.)*

Das Versagen unserer Kräfte, die Erkenntnis unserer Ohn-
macht, die Erinnerung an ach so viele verpaßte Gelegenheiten sind also nicht Anlaß zur Verzweiflung, sondern
Wegbereiter, Grund, ja geradezu Unterpfand unserer Hoff-

nung! Das ist es, was Johannes uns lehrt: Wenn ich nicht mehr weiter weiß, dann bin ich am Ziel! Und er selbst zitiert[37] aus dem alttestamentlichen Buch der Sprichwörter: »Wird doch die Seele, bevor sie erhöht wird, erniedrigt.« (Spr. 18,12)

Carlo Martini, der Kardinal-Erzbischof von Mailand, hat dafür die Worte gefunden: »Das Evangelium ist für die Armen da, für die, die meinen, sie schafften es nicht, für die, die sich in dieser Welt nicht absichern können.«[38]

Johannes ist zum Patron der Gescheiterten geworden, derer, die mit ihrem Leben nicht zurechtkommen, derer, die auf Schritt und Tritt verspüren, daß sie über ihre Kräfte versucht werden und den Anforderungen dieses Lebens nicht gewachsen sind, derer, die nicht weiter wissen – ja sogar derer, die mit ihrer eigenen Kirche nicht mehr »klarkommen«, die von der offiziellen Kirche nicht verstanden und nicht akzeptiert werden und die selbst ihre Kirche nicht mehr verstehen und vieles, was diese tut, nicht mehr billigen zu können vermeinen. Johannes war es schon geworden, als man ihn in Toledo ins Klostergefängnis steckte. Er war es schon geworden durch seine Schriften. Er wird es noch einmal durch das, was ihm in seinen letzten Lebensmonaten widerfuhr. Das – sein eigenes Scheitern, sein eigenes Nicht-zu-Rande-Kommen, sein eigenes Verfolgtwerden von den »Gerechten« – das alles macht ihn so »sympathisch«!

Fernando Urbina, einer der besten Johannes-Kenner und -Interpreten in Spanien, einer, der noch die Folgen des spanischen Bürgerkrieges zu spüren bekommen hatte, fand – gerade als Opfer dieser Kriegs- und Nachkriegsjahre, als Entwurzelter und Heimatloser, als Ungesicherter und Verlorener – in Johannes den ihm Verwandten, der ihm und seinen Leidensgefährten Trost und Hoffnung bringen konnte. Wörtlich schreibt Urbina in der Einleitung zu seinem Buch, dem er den Titel gibt: »Die dunkle Nacht – Weg in die Freiheit«:

»Besonders waren es die Transzendenz des Glaubens und die Erfahrung der ›Nacht‹, die mir außerordentlich halfen, die Schwierigkeiten einer zutiefst schmerzlichen und dunklen Lebenserfahrung inmitten der dramatischen Situation des durch einen furchtbaren Bürgerkrieg innerlich zerrütteten Volkes zu bestehen...

Unsere Generation, die der Nachkriegskinder, die – Gott sei Dank – nicht den Krieg führten, aber an Leib und Seele seine ›Früchte‹ erleiden mußten, hat so tiefe ›Nächte‹ erlebt, daß nur die ›im Herzen entzündete Lampe‹ des Johannes vom Kreuz uns Trost und Hoffnung bringen konnte und uns eine entscheidende Hilfe war, auf diesem dunklen Wege weiterzugehen...

Als ich später mit dem Theologiestudium anfing, begann ich etwas von der Größe des Unternehmens jenes kleinen Karmeliten zu ahnen und wahrzunehmen, durch das er zu einem der größten Kirchenlehrer und Theologen des Glaubens wurde.«[39]

So schrieb Urbina – stellvertretend für die vielen, die mit Johannes sagen können: Unser Versagen ist unsere einzige Hoffnung.

Joseph Ratzinger hat das sehr schön ausgedrückt in einer Frage und in einer Antwort. Sie sind eine Zusammenfassung dessen, was Johannes – und darüber hinaus auch Teresa und ebenso Ignatius – uns lehrt. Diese Frage und diese Antwort lauten: »Ist es eigentlich gut, zu leben und ein Mensch zu sein? Wir können diese Frage nicht beantworten, wenn es nicht eine Güte gibt, die jedem einzelnen zugewandt ist und stärker ist als all unser Versagen.«[40]

In Ubeda (Provinz Jaen in Andalusien) starb am 14. Dezember 1591 Johannes vom Kreuz. Hier ein Bild des Palatio de la Rambla, eines der vielen Baudenkmäler, die Ubeda den Namen »das andalusische Salamanca« eingebracht haben.

Anmerkungen

Zum Geleit

1 Klaus Berger, *Wer war Jesus wirklich?*, Stuttgart 1995, 12.

2 Aus den Bekenntnissen des Augustinus zitiere ich nach der von Joseph Bernhart besorgten, bei Kösel in München erschienenen lateinischdeutschen Ausgabe, 2. Aufl. 1960.

3 »Gott hat gewollt«, schreibt Dietrich Bonhoeffer, »daß wir sein lebendiges Wort suchen und finden sollen im Zeugnis des Bruders, in Menschenmund. Darum braucht der Christ den Christen, der ihm Gottes Wort sagt, er braucht ihn immer wieder, wenn er ungewiß und verzagt wird.« (Dietrich Bonhoeffer, *Gemeinsames Leben*, München, 15. Aufl. 1976, 14).

4 Eugen Biser, *Paulus – Zeuge, Mystiker, Vordenker*, München 1992.

5 Josef Sudbrack, *Mystik – Selbsterfahrung, Kosmische Erfahrung – Gotteserfahrung*, Mainz – Stuttgart 1988, 14.

6 Josef Sudbrack, *Die vergessene Mystik und die Herausforderung des Christentums durch New Age*, Würzburg, 2. Aufl. 1988, 96.

7 J. Sudbrack, *Was ist Mystik? Zu Mc Ginns »Die Mystik im Abendland«*, in: *Geist und Leben*, Heft 2/1995, S. 145 ff., hier 155. Sudbrack bemerkt dazu: »Mystik ist einer von den »Herz«-Begriffen, in denen eine Sehnsucht, eine Utopie und damit die existentielle Befindlichkeit des Menschen sich ausdrückt.«

8 Karl Rahner/Herbert Vorgrimler, *Kleines Theologisches Wörterbuch*, Herder – Bücherei Band 108 / 109, Freiburg – Basel – Wien 1963, 251.

9 Sudbrack weist in *Geist und Leben*, aaO 155, zudem darauf hin, daß eigentlich erst die »Überzeugung eines Christen von der Wahrheit Gottes und seines Sohnes Jesus Christus ... den Blick voll öffnet für die Weisheit anderer mystischer Traditionen, in denen Gottes Geist wirksam ist.«

10 Paul Imhof, *Ignatius von Loyola*, in: G. Ruhbach und J. Sudbrack (Hg.), *Große Mystiker – Leben und Wirken*, München 1984, S. 203 ff., hier 204. Josef Sudbrack erinnert daran, daß auch der Zen-Mystiker sich in die Abhängigkeit eines Meisters und damit einer Tradition begibt. J. Sudbrack, Wege zur Gottesmystik, Einsiedeln 1980, 19.

11 Johannes vom Kreuz zitiere bzw. übersetze ich nach der von José Vicente Rodríguez besorgten Ausgabe der *Obras Completas de San Juan de la Cruz*, 2ª edición, Madrid 1980. Bei den Hinweisen auf die Werke von Johannes vom Kreuz bedeutet S = *Subida del Monte Carmelo*, N = *Noche oscura*, C = *Cantico espiritual*, L = *Llama de amor viva*, P = *Poesias*, D = *Dichos de luz y amor*, E = *Epistolario*.

12 Vgl. dazu Ulrich Dobhan / Reinhard Körner (Hg.), *Johannes vom Kreuz – Lehrer des »Neuen Denkens«*, Würzburg 1991, sowie Georges Morel, *Le sens de l'existence selon S. Jean de la Croix*, 3 Bde., Paris 1960 und 61, und den Literaturbericht dazu, den A. Brunner mit »Mystik als Selbstverwirklichung des Menschen« betitelte. (Geist und Leben, Sept. 1961, Heft 4 des Jg. 34, 303 ff.)

Ignatius

1 Vgl. Ignatius von Loyola, *Bericht des Pilgers*, übersetzt und kommentiert von Peter Knauer SJ, Leipzig 1990, Nr. 45. (Im folgenden zitiere ich daraus unter Verwendung der Abkürzung BP und Angabe der Nummer des betreffenden Abschnitts.)

2 Nach Ignacio Tellechea, *Ignatius von Loyola – allein und zu Fuß. Eine Biographie*, Zürich 1991, 179.

3 Hier zitiert nach Ignatius von Loyola, *Die Exerzitien*, übertragen von Hans Urs von Balthasar, 11. Aufl. Einsiedeln 1993, 41 f. bzw. Nr. 111, 112, 114, 115, 116.

4 Fridolin Stier, *An der Wurzel der Berge – Aufzeichnungen II*, Freiburg – Basel – Wien 1984, 86 f.

5 Gaston Fessard, *La dialectique des exercices spirituels de S. Ignace de Loyola*, tome *III: symbolisme et historicité*, Paris – Namur 1984, bes. 397 ff.

6 Zu dem vierfachen Schriftsinn vgl. auch Henri de Lubac, *Der geistige Sinn der Schrift*, Einsiedeln 1952. Dort schreibt er S. 13: »Ein spätmittelalterliches Distichon drückt ... die Lehre vom Schriftsinn so aus: Littera gesta docet, quid credas allegoria, moralis quid agas, quo tendas anagogia. Der Buchstabe lehrt das Geschehene, was zu glauben ist, die Allegorie; was zu tun der moralische Sinn, wohin zu streben die Anagogie.«

7 Fessard stellt wörtlich fest »la coincidence des quatre Semaines des Exercices spirituels avec la Doctrine des quatre sens de l'Écriture« (aaO., 397).

8 aaO. 119f.

9 Friedrich Wulf zitiert dazu (aus MI FN II, 123) noch den Satz: »Vidi (inquit), sensi et intellexi omnia fidei christianae mysteria.« (Friedrich Wulf S J, *Dialektik von Mystik und Dienst bei Ignatius von Loyola*, in: M. Sievernich S J u. G. Switeke S J (Hg.), *Ignatianisch – Eigenart und Methode der Gesellschaft Jesu*, Freiburg – Basel – Wien 1990, 54 ff., hier 63, Anm. 28).

10 Karl Rahner (zus. mit Paul Imhof, Helmuth Nils Loose), *Ignatius von Loyola*, Freiburg 1978, 10 f. Hier zitiert nach Paul Imhof, *Ignatius von Loyola*, in: G. Rubach u. J. Sudbrack, *Große Mystiker – Leben und Werke*, München 1984, 203 ff., hier 205.

11 Vgl. hierzu die Anmerkung 106 von Peter Knauer zu BP 30 auf S. 55 der von ihm besorgten Übersetzung des BP.

12 So F. Wulf aaO, 64.

13 Ignatius von Loyola, *Trost und Weisung. Geistliche Briefe*, hg. von Hugo Rahner und Paul Imhof, Zürich 1989, 36.

14 Dieses Gebet steht in dem Exerzitienbuch unter der Nr. 234. Hier wurde die Übersetzung gewählt, die in dem Katholischen Gebet- und Gesangbuch »Gotteslob« unter der Nr. 5, 6 auf S. 28 zu finden ist.

15 Hier zitiert nach Karl H. Neufeld, *Die Brüder Rahner. Eine Biographie*, Freiburg 1994,365.

16 Edith Stein, *Vom Endlichen zum Ewigen*, Kevelaer 1973, 8.

17 Hier zitiert nach dem Evangelischen Gesangbuch, Ausgabe für die Evangelisch-Lutherischen Kirchen in Bayern und Thüringen, München – Weimar o. J., 129.

Teresa

1 Waltraud Herbstrith, *Verweilen vor Gott*, Freiburg – Basel – Wien 1977, 44.

2 zitiert nach Erika Lorenz, *Teresa von Avila. Eine Biographie mit Bildern* von H. N. Loose u. a., Freiburg – Basel – Wien o. J. (1994), 38.

3 nach Lorenz/Loose 74.

4 nach Lorenz/Loose 6.

5 zitiert nach Erika Lorenz, *Das Vaterunser der Teresa von Avila*, Freiburg – Basel – Wien 1987, 89.

6 Zitate von Teresa bringe ich, falls nicht anders vermerkt, unter Angabe des Bandes und der Seite von *Sämtl. Schriften der hl. Theresia von Jesu*, übersetzt von Aloysius Alkofer, München 1963 u. 79 ff.

7 So Walter Nigg, *Große Heilige*, Zürich – Stuttgart 1947, 266. Nigg beruft sich für dieses Zitat auf M. R. Virnich, *Teresa von Avila*, 1934, 101. Erika Lorenz weist darauf hin, daß es richtig übersetzt heißen muß: »Wenn Rebhuhn, dann Rebhuhn, wenn Geißel, dann Geißel.« (Erika Lorenz, *Licht der Nacht. Johannes vom Kreuz erzählt sein Leben*, Freiburg – Basel – Wien 1990, 133.)

8 nach Erika Lorenz, *Teresa von Avila »Ich bin ein Weib und obendrein kein gutes«*, Freiburg 1982, 125.

9 nach Erika Lorenz, *Nicht alle Nonnen dürfen das*, Freiburg 1983, 80.

10 nach Walter Nigg / Helmuth Nils Loose, *Theresia von Avila –*, Freiburg – Basel – Wien, 1981, 102.

11 nach Marcelle Auclair, *Das Leben der heiligen Teresa von Avila*, Zürich 1953, 411.

12 nach Kate O'Brien, *Therese von Avila*, Heidelberg 1954, 92.

13 nach Auclair 401.

14 nach Lorenz, *Ich bin ein Weib* 35.

15 nach O'Brien 154 und Auclair 420.

16 nach Josef Sudbrack, *Erfahrung einer Liebe. Teresa von Avilas Mystik als Begegnung mit Gott*, Freiburg – Basel – Wien 1979, 25.

17 nach Lorenz/Loose 17.

18 nach Lorenz, *Ich bin ein Weib* 15.

19 nach Gemma Hinricher, *Teresa von Avila*, in: G. Ruhbach u. J. Sudbrack (Hg.), *Große Mystiker – Leben und Wirken*, München 1984, 222.

20 nach Ulrich Dobhan, *Teresa von Avila – Gotteserfahrung und Weg in die Welt*, Olten 1982, 17.

21 nach Dobhan 121.

22 nach Dobhan 124.

23 nach Auclair 74.

24 nach Erika Lorenz, *Der nahe Gott – im Wort der spanischen Mystik*, Freiburg – Basel – Wien 1985, 141f.

25 nach Lorenz, Der nahe Gott 161f.

26 nach Auclair 88.

27 nach Auclair 95.

28 nach Lorenz, Ich bin ein Weib 98.

29 nach Teresa von Avila, *Nichts soll dich ängstigen – Gedanken für jeden Tag*, Kevelaer 1982, 171.

30 Vgl. Dobhan 66.

31 nach Lorenz, Ich bin ein Weib 12.

32 nach Dobhan 31.

33 nach Dobhan 31.

34 nach Dobhan 31.

35 Sudbrack, aaO 124.

36 nach Lorenz, Ich bin ein Weib 94.

37 nach Erika Lorenz, *Praxis der Kontemplation*. *Die Weisung der klassischen Mystik*, München 1994, 59.

38 nach Lorenz, Ich bin ein Weib 58.

39 »Du bist überall und nirgendwo«, sagt Augustinus. (Bek. VI 3, 4).

40 Hans Kessler, *Das Kreuz und die Auferstehung*, in: Heinrich Schmidinger (Hrsg.), *Jesus von Nazaret* – Salzburger Hochschulwochen 1994, Graz–Wien–Köln 1995, 149ff., hier 179.

41 nach Lorenz, Vaterunser 22.

42 aaO 68.

43 aaO 69.

44 aaO 74.

45 Eugen Biser, *Der Freund*, München 1989, 70f.

46 nach Lorenz/Loose 6.

47 Vgl. dazu Lorenz/Loose 12.

48 So J. Sudbrack, aaO 26. Sudbrack schreibt dazu weiter: »Teresa hat Emanzipationsarbeit geleistet. Sie hat gezeigt und vorgelebt, daß die Frau in Kirche und Gesellschaft nicht nur zum Dienen, nicht nur zum Absolvieren von Pflichtgebeten, nicht nur zu den kindischen Gotteserfahrungen, wie sie manche Nonnenviten des Mittelalters berichten, nicht nur zum Angepredigtwerden, nicht nur zur Ausübung von Tugenden berufen ist, sondern ebenso auch zur innigsten persönlichen und selbständigen Begegnung mit Gott. Teresa hat gezeigt und gelebt, daß die Frau zur eigenständigen, persönlichen Innigkeit fähig ist. Dies war ihre Sendung.« (aaO 26f.)

49 nach Lorenz, Vaterunser 18.

50 so E. Lorenz in Lorenz, Das Vaterunser 34.

51 in: Das Vaterunser 54.

52 aaO 76.

53 so E. Lorenz in: Das Vaterunser 35.

54 Wörtlich schreibt Teresa: »O du unser Herrscher, du höchste Macht und höchste Gutheit, die Weisheit selbst . . ., du Schönheit alles Schönen, du Inbegriff der Stärke.« (zitiert nach E. Lorenz, Das Vaterunser 25).

55 nach Lorenz, Ich bin ein Weib 102.

56 nach Dobhan 32.

57 so E. Lorenz, Ich bin ein Weib 17.

58 nach Auclair 180f.

59 nach Lorenz/Loose 6.

60 nach Lorenz, Nicht alle Nonnen 23.

61 nach Lorenz, Nicht alle Nonnen 128.

62 nach Dobhan 154 f.

63 nach Dobhan 110.

64 nach Lorenz, Nicht alle Nonnen 94 f.

65 so Sudbrack aaO 133.

66 so Lorenz, Praxis 66.

67 so Lorenz, Nicht alle Nonnen 105.

68 nach Lorenz, Nicht alle Nonnen 105.

69 nach E. Lorenz, *Licht der Nacht. Johannes vom Kreuz erzählt sein Leben*, Freiburg – Basel – Wien 1990, 128.

70 als ihr »Vermählter«, wie Teresa ihn sagen hörte. Vgl. Dobhan 36 und Lorenz, Nicht alle Nonnen 25.

71 nach Lorenz, Ich bin ein Weib 74.

72 nach Dobhan 85.

73 nach Dobhan 95 f.

74 so Erika Lorenz, *Teresa von Avila. »Gott allein genügt« – Eine Interpretation durch Übersetzung*, in: Geist und Leben, Jg. 53, Heft 3, Mai 1980, 172 ff., hier 183.

75 ebd. 177.

76 vgl. dazu Lorenz, aaO 173.

77 Assonanz meint jenen typisch spanischen Reim, bei dem nur die Vokale, nicht aber die Konsonanten des Wortendes miteinander übereinstimmen.

78 nach Dobhan 186.

79 nach Dobhan 185.

80 so Joseph Ratzinger, *Wendezeit für Europa?* Einsiedeln – Freiburg 1991, 127.

81 nach Lorenz/Loose 106.

82 nach Auclair 458.

83 nach Dobhan 185.

84 nach Dobhan 188.

85 nach Dobhan 162.

86 nach Lorenz, Ich bin ein Weib 78 f.

87 nach Dobhan 146.

88 nach Dobhan 188 f.

89 nach Lorenz, Nicht alle Nonnen 136 – 138.

90 nach Teresa von Avila, *Worte und Briefe*, München 1964, 31.

Johannes vom Kreuz

1 Hier zitiert nach Leo Spitzer, *Eine Methode, Literatur zu interpretieren*, München 1966, 25.

2 Fridolin Stier, *Vielleicht ist irgendwo Tag, Aufzeichnungen*, Freiburg – Heidelberg 1981. Ders., *An der Wurzel der Berge, Aufzeichnungen II*, Freiburg – Basel – Wien 1984.

3 Vgl. dazu Johannes Wilfling, *Worte des Lichtes und der Liebe, Geistliche Führung nach Johannes vom Kreuz*, Wien 1986, 30ff.

4 Erika Lorenz, *Licht der Nacht. Johannes vom Kreuz erzählt sein Leben*, Freiburg – Basel – Wien 1990, 81.

5 Reinhold Schneider, *Philipp II.*, 1931, 191.

6 Jacques Maritain, *Die Stufen des Wissens*, Mainz o. J., 405.

7 Juan Luis Alborg, *Historia de la literatura espanola*, t. I., Madrid 1970, 908.

8 Charles Péguy, *Das Mysterium der Hoffnung*, Wien – München 1952, 15.

9 Ulrich Dobhan / Reinhard Körner, *Johannes vom Kreuz. Die Biographie*, Freiburg – Basel – Wien 1992, 80f.

10 Diese Übersetzung des Verfassers stützt sich auf den spanischen Text der von José Vicente Rodriguez besorgten, in Madrid 1980 im Editorial de Espiritualidad erschienenen Ausgabe der Obras Completas de San Juan de la Cruz – mit einer Ausnahme: in der Strophe 7 habe ich in der 2. Zeile die Lesart »cuando *ya* sus cabellos esparcía« dem »cuando *yo*« vorgezogen. Ich stütze mich dabei auf die Editio princeps und das Manuskript 2201 der Madrider Nationalbibliothek sowie auf Jean Gabriel Hondet, *Les poèmes mystiques de Saint Jean de la Croix*, Paris 1966, 188f. Eine in den ersten beiden Strophen etwas abweichende Fassung dieser Übersetzung (sowie einige der hier vorgetragenen Überlegungen zur Interpretation des ganzen Gedichtes) erschien unter dem Titel »Johannes vom Kreuz: Lied von der Nacht« in Heft 1, Jg. 52, März 1996 der Zeitschrift Renovatio, Bonn, 42 – 51.

11 Hier zitiert nach Christine Eisner, *Die Lyrik des Johannes vom Kreuz in deutschen Übersetzungen*, Kiel 1972, 124.

12 So Eugen Biser, *Paulus – Zeuge, Mystiker, Vordenker*, München 1992, 242.

13 Hier zitiert nach Klaus Berger, *Wer war Jesus wirklich?*, Stuttgart 1995, 158.

14 Bei den Verweisen auf die Prosawerke des Johannes vom Kreuz bedeutet S = Subida (Aufstieg zum Berge Karmel), N = Noche (Die dunkle Nacht), C = Cantico (Geistlicher Gesang) und L = Llama (Liebesflamme).

15 »del divino ser tocado« heißt es in seinem Lied »Por toda la hermo-
sura« in Str. 3, und in Str. 5 noch einmal »de divinidad tocada«.

16 Johannes vom Kreuz, *Sämtliche Werke*, Band 4, Einsiedeln 1964, 192.
(Weisungen der Liebe Nr. 28).

17 Hier zitiert nach dem *Lektionar zum Stundenbuch II*, 7, 208. (2. Lesung für
Freitag in der 27. Woche, Zweite Jahresreihe).

18 Dámaso Alonso, *La Poesia de San Juan de la Cruz (desde esta ladera)*,
Madrid 1942, 226.

19 Leo Spitzer, *Eine Methode, Literatur zu interpretieren*, München 1966, 43.

20 Beide Zitate nach C. Eisner, aaO 125.

21 Edith Stein, *Kreuzeswissenschaft. Studie über Joannes a Cruce*, Louvain –
Freiburg 1950, 38.

22 So Hans Kessler, aaO 154.

23 Peter Knauer, *Unseren Glauben verstehen*, Würzburg 4. Aufl. 1991, 11 f.

24 So Leo Spitzer, aaO 40.

25 Erika Lorenz, *Licht der Nacht. Johannes vom Kreuz erzählt sein Leben*, Freiburg – Basel – Wien 1990, 223.

26 U. Dobhan / R. Körner, aaO 122 f.

27 Hier zitiert nach E. Lorenz, aaO 210.

28 So H. U. von Balthasar, *Herrlichkeit. Eine theologische Ästhetik*, Band II,
Teil 2, Einsiedeln 1962, 511.

29 C (B) 36, 5. Hier zitiert in der Übersetzung von H. U. von Balthasar,
aaO 518 – bis auf den letzten Satz, der bei Balthasar fehlt. (Im Spanischen heißt er: Esta es la adopción de los hijos de Dios.)

30 Vgl. dazu San Juan de la Cruz, *Obras Completas*, 2 a edición (ed. J. V.
Rodriguez y F. Ruiz Salvador), Madrid 1980, 60, sowie Erika Lorenz,
Auf der Jakobsleiter, Freiburg – Basel – Wien 1991, 88 f., und Damaso
Alonso, *La poesía de San Juan de la Cruz (desde esta ladera)*, Madrid 1942,
47.

31 So Dámaso Alonso, *Spanische Dichtung – Versuch über Methoden und Grenzen
der Stilistik*, Bern und München 1962, 91.

32 So jedenfalls Elisabeth Hense und Elisabeth Peeters, *Johannes vom Kreuz
– Verschlungen bin ich in deiner Schönheit*, Freiburg – Würzburg 1991, 18.

33 Dámaso Alonso, *La poesía de San Juan de la Cruz*, 116 f.

34 Georges Tavard weist auf den pädagogischen Wert bzw. die pädagogi-
sche Absicht dieses Gedichtes hin und vernimmt in ihm die Stimme
des Novizenmeisters und geistlichen Lehrers. (G. Tavard, *Jean de la
Croix – Poète mystique*, Paris 1987, 223).

35 Plotin, *Enneade* I 6,4 »Über das Schöne«.

36 Wörtlich schreibt Thomas: »Ad pulchritudinem tria requiruntur.

Prima quidem integritas sive perfectio: quae enim diminuta sunt, hoc ipso turpia sunt; et debita proportio, sive consonantia; et iterum claritas« (Summa theologica, I a, quaestio 39, art. 8, 5).

37 Johannes vom Kreuz, *Sämtliche Werke*, 4. Band, Einsiedeln 1964, 176.
38 Carlo Martini, *Christus entgegen. Meditationen für jeden Tag*, Freiburg, 4. Aufl. 1994, 66.
39 Fernando Urbina, *Die dunkle Nacht – Weg in die Freiheit. Johannes vom Kreuz und sein Denken*, Salzburg 1986, 14.
40 Joseph Kardinal Ratzinger, *Wendezeit für Europa? Diagnosen und Prognosen zur Lage von Kirche und Welt*, Einsiedeln – Freiburg 1991, 112.

Anhang

*Wer die in diesem Buch
genannten Orte besuchen möchte,
findet auf den folgenden Seiten
nützliche Hinweise und
Anregungen.*

Das Geburtshaus des Ignatius in Loyola

Loyola

Das *Schloß der Loyola* liegt in der Provinz Guipúzcoa im Baskenland, etwa 2 Kilometer von Azpeitia entfernt, einem hübschen Städtchen mit alten Palästen und gotischen Kirchen – allerdings auch weniger hübschen Fabriken, die die Stadt umsäumen. In Azpeitia ist auch die Pfarrkirche, in der Ignatius getauft wurde. Eine Inschrift an der Wand hinter dem Taufstein erinnert daran. Die Herren von Loyola waren Patronatsherren dieser Kirche gewesen.

Unverändert ist das Tal, durch das der Weg von Azpeitia nach Loyola führt, unverändert auch der Monte Izarraitz. Völlig verändert dagegen ist das Haus, in dem Ignatius geboren wurde. Was der Besucher zunächst gewahrt, ist die mächtige Kuppel einer barocken Basilika. Und in der Basilika fällt sein Blick – hoch oben in der Nische des Hauptaltars – sogleich auf die Statue des heiligen Ignatius, die im 18. Jahrhundert aus vielen Zentnern reinen Silbers gegossen wurde.

Das *Geburtshaus* selbst ist zwar umbaut, aber geblieben. *La Santa Casa* wird es jetzt geheißen. Auf dem Weg von der Basilika dorthin sieht man eine aufrechte Ritterfigur in voller Rüstung und eine Bronzegruppe von Soldaten, die einen Verletzten tragen. Beide sollen an Ignatius erinnern – ebenso wie das, was das Innere des in ein Museum verwandelten Hauses birgt: Statuen, Andenken, Reliquien, Fensterbilder, auch das Altarbild von der Verkündigung, das ein Geschenk der Königin Isabella war, und im oberen Stockwerk erneut ein lebensgroßes Bildnis des jungen Ritters Iñigo, diesmal aus Holz. Neben der Santa Casa steht ein neues Gebäude, erbaut von dem römischen Baumeister

Fontana zu Ende des 17. Jahrhunderts, kein Museum, sondern ein geistiges Zentrum des Jesuitenordens. Eine große Bibliothek befindet sich dort. Eine Zeitschrift mit dem Titel »Manresa« wird dort herausgegeben. Kongresse, Besinnungs- und Einkehrtage finden dort statt.

Montserrat

Nordwestlich von Barcelona, etwa 60 km von der Stadt entfernt, erhebt sich ein 1200 m hohes, nach allen Seiten abfallendes Gebirgsmassiv mit merkwürdigen Felsbildungen, seiner Form wegen *Montserrat, zersägter Berg*, geheißen und nicht von ungefähr einstmals für den Monsalvatch der Gralssage gehalten. Schon früh hatten sich in diesem Gebirge Einsiedlermönche niedergelassen. Im 9. Jahrhundert fanden sie sich zusammen, um eine Kirche zu bauen und darin Gottesdienst zu feiern und ein Holzbild der Gottesmutter zu verehren, das der Legende nach ein Werk des Evangelisten Lukas ist und seiner altersbedingten schwarzen Farbe wegen bis heute *la moreneta* genannt wird. Die Mönche hatten zunächst weiter in ihren Einsiedlerhütten oder -höhlen gewohnt. Nur zum Gebet waren sie zusammengekommen. Doch seit dem 10. Jahrhundert bildeten sie eine feste Klostergemeinschaft nach der Regel des heiligen Benedikt. Dieses Kloster – von Papst Benedikt XIII. 1410 zur unabhängigen Abtei erhoben – wurde zum geistigen und geistlichen Mittelpunkt Kataloniens und darüber hinaus ganz Spaniens. Der kunstsinnige Renaissance-Papst Julius II. war einer seiner Äbte gewesen. Mehr noch als dieser hatte aber der Abt García de Cisneros – ein Vetter des berühmten Kardinals Cisneros – das Bild dieser Abtei geprägt, so wie es Ignatius vorfand, als er seine Schritte hierher lenkte, um vor dem Bildnis der schwarzen Ma-

Montserrat: ein Bergmassiv, eine Benediktinerabtei, ein Wallfahrtsort.

donna seinem alten Leben abzuschwören und ein neues
Leben zu beginnen. Er fand dort nicht nur eine von 1000
Opferkerzen erleuchtete Wallfahrtskirche, auch nicht nur
eine reiche Bibliothek (die ihn aber wenig interessierte), er
fand hier vor allem einen Beichtvater. Und dieser drückte
ihm das kostbarste Erbe des reformerischen Abtes García
de Cisneros in die Hand, ein Frömmigkeitshandbuch für
des Lesens kundige Pilger mit dem Titel *Ejercitario de la vida
espiritual* – Übungsbuch für das geistliche Leben. Und man
geht wohl nicht fehl in der Annahme, daß dieses Buch dem
Ignatius wertvolle Anregungen für sein eigenes Exerzitienbuch gab.

Noch etwas tat sein Beichtvater: er ließ die von Ignatius
als Votivgaben für die Heilige Jungfrau aufgeopferten Zeichen seiner ritterlichen Würde – Schwert und Dolch – an
dem Gitter aufhängen, das den Schrein der »moreneta«
vom Kirchenschiff trennt. Dort waren sie viele Jahre hin-
durch zu sehen.

Die Klosterbauten wurden immer wieder erweitert und
erneuert. Doch 1811 wurde der größte Teil von ihnen durch
die napoleonischen Truppen zerstört. Der gotische Kreuzgang wurde inzwischen wiederhergestellt und der schon
vor Napoleon begonnene Bau eines neuen Klosters fortge-
führt und in diesem Jahrhundert vollendet. Gleichfalls
wurde die zur Zeit der Renaissance (aber erst, nachdem
Ignatius dort gewesen war,) erbaute Basilika im 19. Jahrhundert erneuert. Sie erhielt eine neuromanische Apsis und
zu Beginn des 20. Jahrhunderts auch eine neue Fassade.

Das Kloster Montserrat ist bis zur Stunde Anziehungs-
punkt für viele geblieben: Touristen, Pilger, Wissenschaft-
ler. (Die Klosterbibliothek enthält über 200000 Bände. Ihr
angeschlossen sind mehrere Museen, u. a. ein Bibelmu-
seum, ein Vorgeschichtliches Museum, ein Ägyptologisches
Museum.)

Manresa

Was für Paulus der Weg nach Damaskus, das wurde für Ignatius Manresa: dort erschien ihm, seiner festen und unumstößlichen Überzeugung nach, der Herr.

Manresa liegt einige Kilometer nördlich vom Montserrat am Ufer des Flusses Cardoner. Heute ist es eine industriereiche Stadt mit rund 60000 Einwohnern. Zur Zeit des Ignatius war es im Grunde nur ein Dorf, allenfalls ein Städtchen von nicht mehr als 1000 Einwohnern, vor allem Tuchmachern, und ausgezeichnet durch eine Vielzahl von Kirchen und Klöstern, die weitgehend noch heute erhalten sind und dem Stadtkern sein eigenartiges Gepräge geben. Elf Monate verbrachte Ignatius hier. Zuerst nannte man ihn nur den *Mann mit der Kutte*. Dann aber beobachteten ihn auch die Kinder voll ehrfürchtiger Scheu und nannten ihn *l'ome sant, den heiligen Mann*. In den Kirchen und Kapellen – so in der Dominikanerkirche und in der Kapelle *Unserer Lieben Frau von Viladordis* – oder in einsamen Höhlen der Umgebung betete er. Im Hospital Santa Lucia wusch er den Kranken Hände und Füße. Von Tür zu Tür ging er, um zu betteln und anschließend das Erbettelte an Arme und Waisen weiterzuverschenken. Beraten ließ er sich von einem frommen Geistlichen der im 14. und 15. Jahrhundert erbauten gotischen Kollegiatskirche *Santa Maria de la Seo*, der Hauptkirche von Manresa, noch heute kurz la Seo geheißen.

Einmal ging er zu der Kirche *San Pablo*. Sie lag etwas mehr als eine Meile von Manresa entfernt. Der Weg führte ihn am Fluß entlang, der dort sehr tief ist. Und da geschah es, daß Gott ihn heimsuchte, ihn berührte, ihn zutiefst erschütterte und verwandelte – wie einst Christus den Paulus. Das widerfuhr ihm nicht nur einmal, sondern viele Male, so daß ihm war, als ginge er bei Gott selbst in die

Schule und als sei Gott selbst es gewesen, der ihn befähigte, nun auch anderen von diesem geheimnisvollen Gott zu erzählen.

Avila

»Die Städte sind das, was wir in ihnen suchen.« So schreibt der Ignatius-Biograph Ignacio Tellechea. Es fällt nicht schwer, diesen Satz auf Avila anzuwenden: Avila, das man schon früh wegen seiner vielen Kirchen und Klöster die *Stadt der Heiligen und der Steine* nannte – *»en Avila, Santos y Cantos«* –, war vor allem die Stadt Teresas und ist es bis heute geblieben.

Avila liegt auf der Hochebene von Kastilien – 1127 Meter hoch. Die Folge: im Sommer mörderische Hitze, im Winter bittere Kälte. Keltiberer, Römer, Westgoten siedelten hier. Die Mauren besetzten diese Siedlung und wurden wieder vertrieben. Zum Schutze gegen sie ließ König Alfons VI. von Kastilien die Stadt durch 12 Meter hohe, 3 Meter breite und 2,5 Kilometer lange Mauern mit 9 Toren und 88 Türmen befestigen. Innerhalb dieser Mauern stand das Geburtshaus Teresas, in der Nähe eines Platzes, der jetzt Plaza de Santa Teresa heißt, und eines Stadttores, das jetzt *Puerta de la Santa* heißt, und auf der anderen Seite in der Nähe ihrer Pfarrkirche *San Juan*, in der sie getauft wurde.

Das Geburtshaus wurde schon im 17. Jahrhundert abgerissen. An seiner Stelle erbaute man eine barocke Klosterkirche mit Museum. Diese Kirche trägt den Namen *La Santa* – die Heilige (nämlich Teresa) – wie sollte es auch anders sein. Sie birgt eine Fülle von Gemälden, Statuen, sonstigen Gegenständen, die an Teresa erinnern, etwa ein Gemälde aus dem 18. Jahrhundert, das die sechsjährige

Avila, Toreon Guzman

Teresa zeigt, wie sie mit ihrem Bruder Rodrigo ins Maurenland fliehen will, um die Märtyrerkrone zu erringen; über dem Hauptaltar ein Meisterwerk von Gregorio Fernandez (1576–1636), das zeigt, wie Maria und Josef Teresa eine Perlenkette umlegen; eine Statue des gleichen Gregorio Fernandez, die Johannes vom Kreuz darstellt, den Mitstreiter Teresas in der Ordensreform; ein Bildnis Teresas von einem unbekannten Maler des 17./18. Jahrhunderts; Gegenstände, die Teresa auf ihren Reisen bei sich trug, nämlich ein Kreuz und ein Madonnenbild.

Im Norden von Avila, schon außerhalb der Stadtmauer, liegt das *Kloster der Menschwerdung (Convento de Nuestra Señora de la Encarnación)*. Dort war Teresa 1535 Nonne geworden. Dort befindet sich auch bis zur Stunde jene *Statue des leidenden Christus*, deren Anblick sie so erschütterte, daß sie ein neues Leben zu beginnen beschloß. Teresa sorgte dafür, daß Johannes vom Kreuz Beichtvater für die dortigen Nonnen wurde, wenn auch nur für kurze Zeit. Das Kloster steht noch heute. In den Museumsteil werden Besucher ohne weiteres eingelassen.

Im Jahre 1562 gründete und bezog Teresa das Kloster *San José*, am östlichen Stadtrand gelegen, mit weiter Aussicht auf die freie Natur. Eine in Stein gemeißelte Inschrift am Eingangstor erinnert daran, daß dieses das erste der von Teresa gegründeten Reformklöster ist. Es wird bis heute von Ordensschwestern der teresianischen Reform bewohnt. Hier schrieb Teresa die erste Fassung ihres Buches »Weg der Vollkommenheit«, viele Briefe und Teile ihrer übrigen Bücher. Hier sind auch (aus dem 16. Jahrhundert stammende) Gemälde der beiden Anas zu sehen, die nach dem Tode Teresas ihr Reformwerk nach Frankreich und Belgien weitertrugen: Ana de San Bartolomé und Ana de Jesús.

Medina del Campo

Etwa auf halbem Wege zwischen Avila und Valladolid liegt Medina del Campo, heute ein Städtchen von rund 15000 Einwohnern, zur Zeit Teresas aber eine schöne, stolze Stadt mit der doppelten Einwohnerzahl, voller Paläste, Kirchen und Klöster (praktisch jeder Orden hatte hier ein Haus), zudem der *größte Marktplatz Kastiliens*, der zu bieten wußte, was die Welt besaß: Korallen und Gewürze, Zucker und Parfum, Silber und edle Steine, Textilien und Tonwaren, und von wo aus auch in andere Städte, ja sogar ins Ausland verkauft wurde. Zudem war es (mit seinem Castillo de la Mota) Residenz der Katholischen Könige Fernando und Isabella, Lieblingssitz zudem der Königin, die hier geboren war und auch (1504) starb.

Dorthin zog es Teresa, um mit ihrer Klostergründungstätigkeit außerhalb Avilas zu beginnen. 1567 gründete sie hier das erste von insgesamt 16 (außerhalb Avilas) errichteten Klöstern, die die ursprüngliche, von ihr wieder eingeführte Ordensregel befolgten. Dieses Karmelitinnenkloster besteht bis heute. Sein Innenhof zeigt noch die gleiche Ansicht wie bei der Gründung.

Teresa blieb nicht lange hier. Schon nach einem Jahr brach sie auf, um möglichst viele Städte Spaniens zu einem Medina del Campo in ihrem Sinne zu machen: zu einer Wohnstatt für Schwestern des von ihr reformierten Karmelordens. Medina war für sie der Ausgangspunkt, das Beispiel, das Schule machen sollte und auch tatsächlich Schule gemacht hat.

Aber noch auf eine ganz andere Weise wurde Medina del Campo zum Ausgangspunkt der teresianischen Reform. Hier traf sie – die 52jährige – den 25jährigen Johannes vom Kreuz (wie er später hieß) und wußte ihn für ihre Reformbewegung zu begeistern.

Salamanca, Convento de San Esteban

Johannes war 1551 (im Alter von neun Jahren) mit seiner verwitweten Mutter und seinem älteren Bruder nach Medina gekommen, hatte dort zuerst eine Armenschule und dann das renommierte Jesuitenkolleg besucht, war hier 1563 in den Karmelorden eingetreten, war von diesem 1564 nach Salamanca zum Studium geschickt worden, hatte nach dreijährigem Studium die Priesterweihe erhalten und war just in den ersten Wochen nach dem Eintreffen Teresas in Medina, um hier seine erste Messe als Neupriester zu lesen. Teresa erfuhr davon, suchte und fand Gelegenheit, mit ihm zu sprechen – und die Entscheidung für das zukünftige Leben des Johannes war gefallen. (Johannes ging zunächst noch für ein weiteres Jahr nach Salamanca, kehrte dann nach Medina zurück, traf erneut Teresa und gründete sodann das erste reformierte Männerkloster, und zwar gemeinsam ausgerechnet mit dem Prior des nicht reformierten Karmelklosters von der heiligen Ana in Medina, in das er vier Jahre vorher eingetreten war. Denn auch diesen hatte Teresa für ihre Ideen einzunehmen gewußt.)

Alba de Tormes

Knapp 20 Kilometer südöstlich von Salamanca liegt das Städtchen Alba de Tormes. Heute hat es etwa 6000 Einwohner. Den Deutschen ist es vor allem bekannt durch den Herzog von Alba, der die Niederlande für Spanien zurückerobern sollte und dessen Nachkommen noch jetzt dort wohnen, den Spaniern dagegen durch den Dichter Garcilaso, der die Schönheit und Frische des Tormes-Flusses (*»la fresca ribera«*) besang, und erst recht durch Teresa von Avila, die hier 1571 das *Kloster der Verkündigung Unserer Frau von Karmel* gründete und in ebendiesem Kloster am 4. Oktober 1582 starb.

Im Mittelalter war Alba ein bekannter Wallfahrtsort. Es besaß achtzehn Kirchen. Erhalten geblieben sind davon jedoch nur vier, darunter die Kirche San Juan, ein romanisch-byzantinischer Bau aus dem 12. Jahrhundert, und die Kirche Santiago Apostol, das älteste Gotteshaus des Ortes. Erhalten geblieben ist auch das Kloster Teresas. Es birgt ihre sterblichen Überreste, soweit diese nicht geplündert wurden, weil möglichst viele eine Reliquie von ihr haben wollten. (Für drei Jahre – von 1583 bis 1586 – hatte man gar den ganzen Leichnam geplündert und nach Avila geschafft, mußte ihn dann aber aufgrund einer Intervention des Herzogs von Alba beim Papst wieder zurückgeben.)

Auf den Tod Teresas schrieb Cervantes 1614 ein kleines Gedicht. In der Übersetzung von Erika Lorenz lautet die erste Strophe:

> *Zwar in Avila geboren,*
> *kamst in Alba du ins Leben,*
> *das im Sterben wird gegeben*
> *jenen, die sich Gott erkoren.*

Toledo

Toledo – eine Stadt, die die ganze spanische Geschichte widerspiegelt: Hauptstadt eines Ibererreiches, von den Römern 192 v. Chr. erobert, unter den Westgoten erneut Hauptstadt, zur Zeit der Araber zunächst Emirat, dann selbständiges Königreich, von König Alfons VI. aus Maurenhand zurückerobert, schließlich Hauptstadt Kastiliens und von Kaiser Karl V. zu seiner Residenz erkoren und daher die kaiserliche Stadt geheißen. Für die Juden war Toledo zu einem neuen Jerusalem geworden, nachdem sie

Die Sinagoga del Tránsito in Toledo, ein Ausdruck der religiösen wie kulturellen Vielfalt der Stadt. Toledo galt vom 11. bis 13. Jh. den Juden als neues Jerusalem. Jedenfalls lebten in Toledo lange Zeit Mohammedaner, Juden und Christen friedlich miteinander. – Toledo ist auch die Stadt El Grecos, Teresas und Johannes' vom Kreuz.

zwischen dem 11. und 13. Jahrhundert von den muslimischen Almohaden aus Nordafrika und Andalusien vertrieben worden waren, hier aber eine neue Heimat gefunden hatten – bis sie auch von den katholischen Herrschern verfolgt und vertrieben wurden.

Noch heute legt Toledo durch seine vielen und vielfältigen Bauwerke Zeugnis davon ab, daß es einmal *Stadt der drei Religionen* war: des *Islam*, des *Judentums*, des *Christentums*. Doch ebenso bewahrt Toledo ein Erbe, das man nicht ohne Grund ein mystisches genannt hat. Ist Toledo doch die Stadt *El Grecos* und die Stadt *Teresas* und *Johannes' vom Kreuz*.

Domenikos Theotokopulos (1541–1614), der aus Kreta stammte und deshalb kurzerhand *El Greco, Der Grieche*, genannt wurde, ließ sich hier nieder. In ungewohnten Farben und Formen und expressionistischer Abstraktion will er dem Betrachter nahebringen, was Teresa und Johannes in Worte faßten: diese Welt ist nicht alles. In der Sakristei der (übrigens an der Stelle der maurischen Hauptmoschee im 12./13. Jahrhundert erbauten) Kathedrale, in der Kirche *Santo Tomé* (ebenfalls ursprünglich eine Moschee), in der Kirche *San Ildefonso*, in der Kirche *Santo Domingo el Antiguo* (die Grecos Grabstätte birgt) und erst recht in dem in der Nähe der früheren Synagoge gelegenen *Museo El Greco* kann man sich davon beeindrucken lassen.

Und was Teresa und Johannes vom Kreuz angeht: Für Teresa wie für Johannes war Toledo Heimat der Vorfahren. Sie kehrten also »heim«, jedoch in verschiedener Weise: Teresa als Gründerin des Karmelitinnenklosters San José, in dem sie den ersten Teil ihres Hauptwerkes, der Inneren Burg, schrieb, Johannes als Gefangener seiner Ordensbrüder, die die von ihm und Teresa angestrebte Reform als pure Rebellion ansahen und ihn deshalb kurzerhand in Avila (wo er als Beichtvater tätig war) entführten und dann hier in Toledo einsperrten, und zwar in eine finstere Zelle ihres Klosters. Dieses Kloster lag oberhalb der Stadtmauern, über den steilen, zum Fluß hin abschüssigen Felsen und in der Nähe der Alcántara-Brücke. Während das Kloster Teresas die Zeiten überdauert hat, ist dieses Gefängnis-Kloster nicht mehr da. Es wurde 1806 von den Truppen Napoleons zerstört. Aber die Gedichte, die sich Johannes in seiner dunklen Zelle in den Sinn und später in die Feder drängten, leben noch, darunter »das schönste Lied, das jemals in der spanischen Kulturgeschichte gesungen wurde« (U. Dobhan). Darin preist Johannes Gott, der sich ihm in einer alle Vorstellungen übersteigenden Weise geoffenbart hatte, als klingende Einsamkeit und lautlose Musik – Gottesnamen, die man nie zuvor vernommen hatte.

Die erste Strophe seines bekanntesten Gedichtes, des Liedes von der dunklen Nacht, ist in großen weißen Lettern an die Felswand gemalt – dort, wo einst das Kloster stand, in dem er zum Mystiker und zum Dichter wurde. Das Jubellied des Gepeinigten ist geblieben (»o Glück, das selig macht«, heißt es in dieser Strophe). Das Haus der Peiniger ist dahin. Dieses Lied, nicht die Klostermauern, sind die Spuren, die man noch sehen kann!

Granada

Märchenhaft, bezaubernd, einzigartig – das sind die Worte, mit denen Granada und die sie umgebende Landschaft immerzu beschrieben werden. Nicht ohne Grund sagen die Spanier: *Quien no ha visto a Granada, no ha visto nada. (Wer Granada nicht gesehen hat, hat nichts gesehen.)* Dabei gilt dieses Lob, was die Bauwerke angeht, vor allem der *Alhambra* (arab. *»die rote Stadt«*, wegen der dort verwendeten Steine), dem Palast maurischer Herrscher mit seinem Löwenhof, seinem Myrtenhof und seinen an einen Traum aus Tausendundeiner Nacht erinnernden sonnendurchfluteten Sälen – und dem *Generalife* (arab. *»hoher Garten«*), dem Sommersitz der Kalifen mit seinen Säulengängen, Patios, Zypressenalleen und Wasserspielen.

Hier in Granada war 1573 ein Kloster der reformierten Karmeliten gegründet worden. Es lag gleich neben dem Alhambrahügel – von diesem nur durch eine flache Schlucht getrennt – auf dem *Cerro de los martires, dem Hügel der Märtyrer.* Als Kirche diente eine Kapelle, die Königin Isabella hatte errichten lassen zum Gedenken an die Christen, die dort von den Mauren gefangengehalten und umgebracht worden waren (daher der Name Märtyrer).

1582 – neun Jahre nach seiner Gründung – wurde Johannes vom Kreuz Prior dieses Klosters. Er blieb es sechs Jahre lang. Diese sechs Jahre waren ausgefüllt

– mit Bauarbeiten zur Erweiterung und Vollendung der Klosteranlagen, unter anderem baute er einen Aquädukt, um Haus und Garten ständig und ausreichend mit Wasser zu versorgen, sowie einen Kreuzgang, der zu den schönsten aller spanischen Karmelklöster zählte,

– mit vielen Reisen bis hin nach Lissabon und Madrid und Valladolid, zumal ihm für einige Jahre auch noch das Amt des Provinzvikars aufgebürdet war,

– mit schriftstellerischer Tätigkeit; er schrieb hier die letzten Strophen seines großen Liedes der Liebe und Kommentare zu eben diesem Lied sowie zu seinem Lied von der dunklen Nacht sowie sein letztes – und tiefstes? – Gedicht, die *Lebendige Flamme der Liebe*, und auch hierzu einen Kommentar,

– mit dem Suchen und Finden eines Klosters für die Nonnen der teresianischen Reform und der seelsorgerischen Betreuung dieses Klosters und zudem der vielen Rat- und Trostbedürftigen, die ihn aufsuchten,

Granada (Alhambra)

– und nicht zuletzt (und das vom ersten bis zum letzten Tag seines Aufenthaltes) mit Freude und Dank ob der ihn umgebenden und ihn erfüllenden Schönheit. Er erkannte – wie er sich selbst ausdrückt –»im Geschaffenen eine solche Fülle gottgeschenkter Herrlichkeit und Gnade«, daß er am liebsten im Freien betete und auch seine Mönche dazu anhielt, denn:»Ich wollte verhindern, daß ein zu langes Verweilen im Kloster den Wunsch weckte, es zu verlassen.« (zitiert nach E. Lorenz)

Das Kloster besteht nicht mehr. Es wurde total abgerissen. Lediglich Reste des von Johannes erbauten Aquädukts sind noch zu sehen. An der Stelle des Klosters steht heute ein Mitte des 19. Jahrhunderts errichteter klassizistischer Profanbau, und das Klostergelände wurde zu einem öffentlichen Park umgestaltet, der außer den alten Bäumen vor allem den Blick ins Freie – einen Blick von einmaliger Schönheit – bewahrt hat.

Erhalten geblieben ist dagegen das Kloster der Karmelitinnen in Granada. Es liegt an dem Platz, der heute den Namen *»San Juan de la Cruz«* trägt. Es birgt gar manche Erinnerungen an den Träger dieses Namens: Statuen, Andachtsgegenstände, Gemälde und natürlich die Räume, in denen er sich aufgehalten hat: Kapelle, Sakristei, Sprechzimmer.

Ubeda

Rund 150 Kilometer nördlich von Granada, unweit des oberen Rio Guadalquivir, liegt Ubeda, eine Stadt von etwa 30000 Einwohnern, ihrer vielen Baudenkmäler wegen das andalusische Salamanca geheißen – und immer noch stolz auf den alten Titel einer *Muy Noble, Muy Leal y Antigua Ciudad, einer sehr vornehmen, sehr treuen und alten Stadt.*

Es sind besonders Bauten aus der Zeit der Renaissance, die dem heutigen Ubeda das Gepräge geben. Hier die Vorderfront der Kirche El Salvador, die im 16. Jahrhundert nach Plänen von Diego de Siloe erbaut wurde.

Dabei sind es vor allem Renaissance-Bauten, die ihr das Gepräge gegeben haben.

Seit dem Jahre 1587 gab es in dieser Stadt auch ein Kloster der reformierten Karmeliten. Es befand sich im Südosten der Stadt. Dorthin brachte man vier Jahre später den sterbenskranken Johannes vom Kreuz. Die Pforte, durch die er in das Kloster gelangte, ist noch heute zu sehen. Doch ärztliche Hilfe kam zu spät. Nur zweieinhalb Monate nach seinem Eintreffen – am 14. Dezember 1591 – verstarb er. Im Fußboden der Klosterkirche, in der Nähe der Stufen zum Hochaltar, fand er sein Grab – nicht seine letzte Ruhestätte. Denn eineinhalb Jahre später wird sein Leichnam exhumiert und nach Segovia überführt, wo Johannes nach seiner Prioratszeit in Granada weitere drei Jahre Prior gewesen war (und zugleich Erster Definitor und damit stellvertretender Leiter der gesamten Ordensprovinz). In einer Seitenkapelle der dortigen Karmelkirche wurde er beigesetzt. An seinem Sarkophag erinnert eine Plakette daran, daß am 4. November 1982 Papst Johannes Paul II. diese Stätte zum Gebet aufgesucht hatte.

Auf den Spuren der Mystiker

Bildnachweis: Bildarchiv Schreyer-Löbl, Bad Tölz: S. 16, 39. SJ-Bildarchiv, München: S. 18, 27, 37. Das Spanische Fremdenverkehrsamt (Oficina Española de Torismo), Frankfurt am Main, stellte uns freundlicherweise die folgenden Bilder zur Verfügung. Den jeweiligen Fotografen nennen wir in Klammern: S. 8, 140/141, 188, 201 (F. Ontañón); S. 31, 170 (José Luis G. Grande); S. 66/67 (A. Verdugo); S. 75, 80, 195, 198 (de la Puente); S. 92/93 (Juan José Pasual); 129 (A. Garrido); 177, 207 (López-Alonso); S. 191 (Mario Brossa); S. 156, 205. Sollten in diesem Buch Illustrationen aufgenommen worden sein, deren Autoren noch Schutzrechte genießen und deren Quellen hier nicht nachgewiesen werden, so bitten wir die Inhaber dieser Rechte, sich mit dem Verlag in Verbindung zu setzen.

Walter Repges

Berufsziel Exzellenz

oder wie schwebt man
übers diplomatische Parkett?

184 Seiten, 1988
ISBN 3-7820-0582-1

»Walter Repges, selbst Botschaftsrat Erster Klasse der Bundesrepu-
blik Deutschland in Brüssel, gewährt Einblick in den Alltag eines
Diplomatenlebens durch die Veröffentlichung der Aufzeichnungen seines Freundes Petrus Hrabanus. Was über ein Diplomaten-
leben in keinem Buch steht: Hier plaudert ein Meister der Feder
aufs Unterhaltsamste aus der Schule, wobei das Faszinierende des
diplomatischen Dienstes in allen Facetten aufleuchtet.«

Fränkische Nachrichten

Als Gesandter
am Hofe des Papstes

176 Seiten, 2. Auflage 1994
ISBN 3-7820-0670-4

»Der Verfasser dieses Buches war von 1989–1993 ständiger Vertreter des deutschen Botschafters beim Heiligen Stuhl. Was er
dabei erlebte, wird nicht etwa distanziert, objektiv und wertneutral
berichtet, sondern humorvoll, kritisch und zugleich versöhnlich
erzählt. Auf diese Weise ist sozusagen ein diplomatischer Pilger-
Führer entstanden, der ein zweifellos amüsantes, aber auch
nachdenklich stimmendes Lesevergnügen bereiten wird.«

Geist und Leben

VERLAG JOSEF KNECHT · FRANKFURT AM MAIN

Kaspar Schnetzler

Meine galizische Sehnsucht

Geschichten einer Reise

176 Seiten, Leinen mit Schutzumschlag
ISBN 3-7820-0636-4

»Im Lexikon steht: ›Galizien ist eine historische Landschaft auf dem nördlichen Abhang und im Vorland der Karpaten; der westliche Teil gehört zu Polen, der östliche zur (ehemaligen) Sowjetunion.‹ Genau so sachlich können wir uns über die Dörfer und Städte orientieren, die Kaspar Schnetzler nach dem Umbruch von 1989 besucht hat und die er in seinem Buch erwähnt. ›Meine galizische Sehnsucht‹ ist jedoch kein eigentlicher Reisebericht. Die siebenundzwanzig kurzen Prosatexte lassen sich lesen als Impressionen, Träumereien, Reflexionen – als *poésie en prose*. ›Galizien – die Welt in mir drinnen. Die ist klein – meine kleine Wahrheit, mehr habe ich nicht zu bieten‹. Mit diesen Sätzen schliesst das Buch; zur Einstimmung in die Lektüre gehörten sie auch an den Anfang.

Das innere Bild von Galizien und die heutige Wirklichkeit – die zwei Komponenten verbinden sich zu einer kunstvollen Einheit. Rauh, trostlos oft, ist die Realität; in Kaspar Schnetzlers Vorstellung hingegen ist das Land farbig, reich, noch immer ein Zeuge verschiedener Kulturen. Die beiden Galizien überlagern sich, so dass eines im anderen durchscheint… Faszinierend und bedeutungsvoll für die Gesamtkomposition sind die Passagen, in denen sich Realität und Fiktion mischen.« *Neue Zürcher Zeitung*

Durch alle Buchhandlungen

VERLAG JOSEF KNECHT · FRANKFURT AM MAIN